beck'sche reihe

DAS JAHRTAUSEND

bsr

Die Serie „Das Jahrtausend" der Frankfurter Allgemeinen Zeitung führt durch die Spiegelungen und Vorspiegelungen der Vergangenheit von zehn Jahrhunderten. Auf dieser Reise durch die Zeit folgt der Leser dem einzelnen Lebenslauf und der Kette der Ereignisse, er begegnet Kunst und Literatur, trifft auf Ängste und Hoffnungen vergangener Epochen und lernt den Alltag in Krieg und Frieden kennen. Wer zu erfahren wünscht, was jetzt ist, erhält die Antwort in dem, was einmal möglich war.

Michael Jeismann, geb. 1958, promovierte im Fach Geschichte an der Universität Bielefeld bei Reinhart Koselleck und ist seit 1993 Redakteur der Frankfurter Allgemeinen Zeitung. Zu seinen Veröffentlichungen zählen u.a.: Das Vaterland der Feinde. Studien zum nationalen Selbstverständnis und Feindbild in Deutschland und Frankreich 1792–1918, Stuttgart 1992, sowie der Sammelband Mahnmal Mitte. Eine Kontroverse, Köln 1999.

Das 17. Jahrhundert

Krieg und Frieden

Herausgegeben von
Michael Jeismann

Verlag C. H. Beck

Mit 9 Abbildungen im Text

Die Deutsche Bibliothek – CIP-Einheitsaufnahme

Das 17. Jahrhundert : Krieg und Frieden / hrsg. von Michael Jeismann. – Orig.-Ausg. – München : Beck, 2000
(Beck'sche Reihe ; 4117 : Das Jahrtausend)
ISBN 3 406 45617 0

Originalausgabe
ISBN 3 406 45617 0

Umschlagentwurf: +malsy, Bremen
Umschlagabbildung: Rembrandt van Rijn,
„Die Nachtwache" (1642), Rijksmuseum Amsterdam (Berlin, AKG)

Satz: Kösel, Kempten
Druck und Bindung: C.H. Beck'sche Buchdruckerei, Nördlingen
Gedruckt auf säurefreiem, alterungsbeständigem Papier
(hergestellt aus chlorfrei gebleichtem Zellstoff)
Printed in Germany

Inhalt

Kleine Chronik

1600: East India Company gegründet · *1605:* Holländer vertreiben Portugiesen von der Molukken-Insel Ambon; Ausgangspunkt für holländisches Kolonialreich in Indonesien · *1609:* Straßburger „Relation", erste Wochenzeitung · *1611:* Gustav II. Adolf wird schwedischer König, es beginnt der Aufstieg Schwedens zur Großmacht · *1618:* Böhmischer Aufstand und Prager Fenstersturz: Beginn des Dreißigjährigen Krieges · *1619:* Beginn der Sklaverei auf amerikanischem Boden · *1630:* Schweden unter Gustav II. Adolf greift auf Seiten der Protestanten in den Krieg ein · *1632:* Gustav II. Adolf fällt in der Schlacht bei Lützen · *1635:* Friede von Prag; Hyde Park in London ist der erste öffentliche Park in Europa · *1639:* Franzosen besetzen das Elsaß · *1640:* Portugal erhebt sich gegen Spanien und gewinnt nationale Unabhängigkeit zurück · *1642:* Bürgerkrieg in England · *1648:* Friede von Münster und Osnabrück · *1651:* „Leviathan" von Thomas Hobbes · *1658:* Cromwell gestorben · *1660:* Deklaration von Breda – Restauration der Monarchie in England · *1661:* Ludwig XIV. tritt die Alleinregierung an · *1663:* „Ewiger Reichstag" zu Regensburg · *1666:* Großer Brand von London · *1675:* Schlacht bei Fehrbellin: Brandenburger schlagen Schweden, Beginn des Aufstiegs Brandenburg-Preußens · *1679:* Habeas Corpus Act in England: Erste Fixierung bürgerlicher Grundrechte · *1683:* Belagerung Wiens durch die Türken · *1685:* Aufhebung des Edikts von Nantes, Hugenotten wandern aus · *1688:* Frankreich fällt in die Pfalz ein · *1690:* „Two Treatises of Government" von John Locke · *1694:* Universität Halle gegründet

JOHANNES BURKHARDT

Die Zukunft kam durch den Rahmen

Wie man sich das Jahrhundert zusammenreimte und dabei doch weiße Flecken ließ

Erst seit dem siebzehnten Jahrhundert wissen die Menschen, in welchem Jahrhundert sie leben. So relativ alt und verbreitet unsere Jahreszählung nach Christi Geburt ist, so wenig selbstverständlich war es, nun auch noch hundertjährige Säkula zu bilden und sie ebenfalls zu zählen. Zwar gab es hier und da Rechenkünstler, Chronographen und seit der Reformation Kirchenhistoriker, die neben einer Vielzahl anderer Experimente auch hundertjährige Abschnitte bildeten und schließlich als Zenturien oder Säkula seit Christus durchnumerierten. Aber das waren marginale Anfänge und keine gelebte Wirklichkeit.

Im siebzehnten Jahrhundert wurde die neue Rechnungsweise von historischen Unterrichtswerken regelrecht eingeübt. Ein weit verbreitetes Schulgeschichtsbuch des Lüneburger Geschichtsdidaktikers Johannes Buno, das den Stoff in eine Reihe von Jahrhunderten ordnete, illustrierte sogar jedes mit einem Bild als Gedächtnis. Das waren zumeist große Merkfiguren, Tiere in allegorischer Bedeutung, für das fünfzehnte Jahrhundert ein riesenhafter Papst und für das sechzehnte sinnreich die zwischen den Konfessionen errichtete Wand. Das eigene „17te Hunderd Jahr" aber konnte das 1672 erschienene Buch noch nicht auf einen Nenner bringen. So begnügte sich der Kupferstecher damit, dem zeitgeschichtlichen Getümmel einen Rahmen zu geben. Man solle sich „Rahme" merken, erläuterte der Autor, wobei er an einen Stick- oder Webrahmen dachte. Denn wie in einen solchen Rahmen „allerhand bundte Sachen“ hineingewirkt würden, so gelte für das siebzehnte Jahrhundert, daß „darin durchgehend, sehr viel bundter Händel“ vorgefallen sei. In der Tat. Was aber mehr ins Auge springt als die schwer überschaubaren Einzelheiten dieses Jahrhundertgetümmels, ist der weiße Fleck auf der neuen Landkarte der Zeit. Der Lauf des Jahrhunderts folgt entgegen dem Uhrzeigersinn – etwa dem Rahmen, aber 1672 war es noch nicht abgelaufen, und so wurde Platz freigehalten für die Dinge, die da noch kommen sollten. Das war verlegerisch klug, denn in späteren Ausgaben konnte so problemlos das Jahrhundert zu Ende bebildert werden. Aber im Erscheinungsjahr der Erstauflage markiert es auch ein Stück offener Zukunft, die es in der Frühen Neuzeit noch schwer hatte. Denn immer noch drohte das Weltende. Das ganze Jahrhundert hindurch wurde die Universalgeschichte nach der vom Propheten Daniel geweissagten Abfolge von vier Weltreichen eingeteilt, als deren letztes das Römische Reich galt, das im Heiligen Römischen Reich Deutscher Nation seine allerletzte Fortsetzung fand.

Die Welt, die nach allgemeiner Ansicht erst 4000 Jahre vor Christi geschaffen wurde und der die bibelgestützte Chronographie nur 2000 christliche Jahre minus X gab, konnte – wie Reinhart Koselleck klassisch pointierte – keine wirkliche Zukunft haben. Das Denken in Jahrhunderten dagegen öffnete die Zeit, denn hier war ein gesicherter Rahmen zu vervollständigen, und danach konnte man die Reihe einfach weiterzählen. Christoph Cellarius teilte schon 1696 ein Säkulum für Säkulum vorrückendes Werk in die Bände alte, mittlere und neuere Geschichte ab. Der Begriff der Neuzeit und seine offene Zeitvorstellung meldeten sich an. Was aber war als Geschichte dieses Jahrhunderts dargestellt? Beherrschend war die politische Geschichte, doch darf man in diesem Schulbuch nicht nach strukturellen Zusammenhängen und Interpretationen suchen. Die „Krise des siebzehnten Jahrhunderts“ von der Klimaverschlechterung bis zu den sozialen Unruhen ist eine Kategorie nachträglicher Diskussionen, die hier kaum Anhaltspunkte fände – es sei denn im Henkersbeil, das an die Hinrichtung des englischen Königs Karl II. 1649 erinnert. Im Vordergrund steht natürlich der Dreißigjährige Krieg. Aber die Herausbildung des europäischen Staatensystems als sein Hauptergebnis muß man sich hier dazudenken, denn es ist ein Vorgang, der erst aus dem historischen Abstand voll wahrnehmbar wird. Es waren vielmehr Herrschergestalten, die das Geschichtsbild prägten, und das mit allerlei pädagogischen Beiwerk. So tragen die Kaiser die ungarische wie die im Dreißigjährigen Krieg umstrittene böhmische Krone und einen Kaiserlorbeer übereinander und schwingen eine Peitsche, bei der die Anzahl der Schnüre anzeigt, ob es sich um Ferdinand II. oder III. handelt.

Aber es gibt auch Feldherren, Bündnisse oder ein Schiff für die kriegswichtige Kaperung der spanischen Silberflotte durch die Holländer. Vor allem aber Schwerter, wie sie noch heute als Schlachtensymbol dienen, obwohl das schon für die Schlacht von Lützen nicht mehr recht paßte, in der Gustav Adolf den Kugeltod fand. Der Raum wird knapp im Kriegstheater und läßt für die aus Friedenszweigen gelegte Zahl 48 kaum Platz. Aber dank der europäischen Perspektive gab es auch nach dem Westfälischen Frieden Gelegenheit, die Schwerter zu kreuzen.

Erklärungsbedürftig ist der letzte Bildeintrag, der mit der Jahreszahl 71 in den Leerraum des Jahrhunderts hineinragt und mit dem Namen Ferdinands des Katholischen, der um 1500 regierte und hier eigentlich gar nichts zu suchen hat, und einer Riesengestalt, damals Weigand oder Wigand genannt, zum rätselhaften Blickfang wird. Des Rätsels Lösung ist, daß im Jahre 1671 Papst Klemens X. einen in Wahrheit noch älteren Ferdinand heilig sprach, im gleichen Jahr aber der Erfurter Jesuit Andreas Wigand den Jesuitenhut ablegte und zur evangelischen Konfession übertrat. Beides würde man heute nicht eben unter die Hauptbegebenheiten der Weltgeschichte rechnen, aber die geradezu paritätische Gegenüberstellung jeweils eines aktuellen katholischen und evangelischen Punktgewinns wirkt wie ein Symbol der Gleichstellung der Konfessionen, die seit dem Westfälischen Frieden galt. Denn mit den Paritätsregelungen, die ein Nebeneinander der Religionsparteien im Reich ermöglichte, und einer Festschreibung der Konfessionsverteilung auf dem Stand von 1624 konnte der Konfessionskonflikt politisch-rechtlich eingebunden und damit entschärft werden. Keines der weiteren Schwerter des Jahrhunderts wurde für ein konfessionelles Ziel gezogen. Und wie ging das Jahrhundert zu Ende? Eigentümlicherweise ist der weiße Fleck im historischen Gedächtnis der Deutschen bis heute nicht recht gefüllt. Zwischen dem Dreißigjährigen Krieg und der friderizianisch-aufgeklärten Zeit verliert sich das deutsche Geschichtsbild im Niemandsland. In europäischer Perspektive ist es die Zeit Ludwigs XIV., und wenn auch der Begriff des Absolutismus heute manches Fragezeichen hinnehmen muß, so bleibt er doch ein Zeitalter des höfischen Glanzes von Versailles und der klassischen Epoche der französischen Sprache und Kultur. Und im Gegenzug bot die Glorious Revolution von 1688 der liberalen Tradition der englischen Geschichtsschreibung Gelegenheit, sich bis heute in die internationalen Geschichtsbücher als Mutterland der Demokratie einzutragen und nebenher zum Weltreich aufzusteigen. Der frühmoderne Staatsaufbau stand auf der Tagesordnung Europas, schien aber an Deutschland erst einmal vorbeizugehen. Selbst das Barock gab zwar einer regsamen Literaturepoche den Namen, erreichte aber in seinen ganz großen musikalischen und architektonischen Schöpfungen erst im nächsten Jahrhundert seinen Höhepunkt. In der Wissenschaftsgeschichte meinen manche gar, das Jahrhundert bestehe nur aus Galilei, Descartes und Newton.

Zu Unrecht. Otto von Guerickes Herstellung eines Vakuums, das er 1654 der staunenden Reichstagsöffentlichkeit an den Magdeburger Halbkugeln demonstrierte, die zwei Pferdegespanne nicht auseinanderziehen konnten, war eine physikalische und philosophische Sensation. Johann Joachim Bechers klassischer „Politischer Diskurs" wurde zur ersten systematischen Theorie staatlicher Wirtschaftspolitik. Und auch das Wirken von Leibniz, des Philosophen und überragenden Repräsentanten fast der gesamten Wissenschaftskultur, fiel zum großen Teil noch ins siebzehnte Jahrhundert. Die politische Geschichte der Deutschen war komplexer, aber darum nicht unentwickelt – im Gegenteil. In den deutschen Territorialstaaten gelang die Wiederaufbauarbeit nach der Katastrophe des Dreißigjährigen Krieges und die Grundlegung einer in ihrer Reichhaltigkeit singulären höfischen Kultur. Auf der Ebene des Reiches, die man heute die Bundesebene nennen würde, wurden die gesamtstaatlichen Institutionen wiederhergestellt, ausgebaut und verfassungsmäßig festgeschrieben: Reichskreise, Reichsgerichte und Reichstag. Der seit 1663 in Regensburg tagende Immerwährende Reichstag war eine ständische Reichsversammlung, die als eine der ersten stehenden Institutionen mit parlamentarischen Beratungsformen auch eine Zukunftsperspektive entwickelte. Verfassungsmäßige, rechtsstaatliche, föderale und selbst parlamentarische Traditionen gehen auf den institutionellen Staatsausbau des siebzehnten Jahrhunderts zurück.

Aber dieses Reich, das eine defensive Friedensordnung darstellen wollte und für Kriege nicht gemacht war, mußte sich wehren gegen eine doppelte Bedrohung: Das eine war die osmanische Expansion, die 1683 die Türken vor Wien

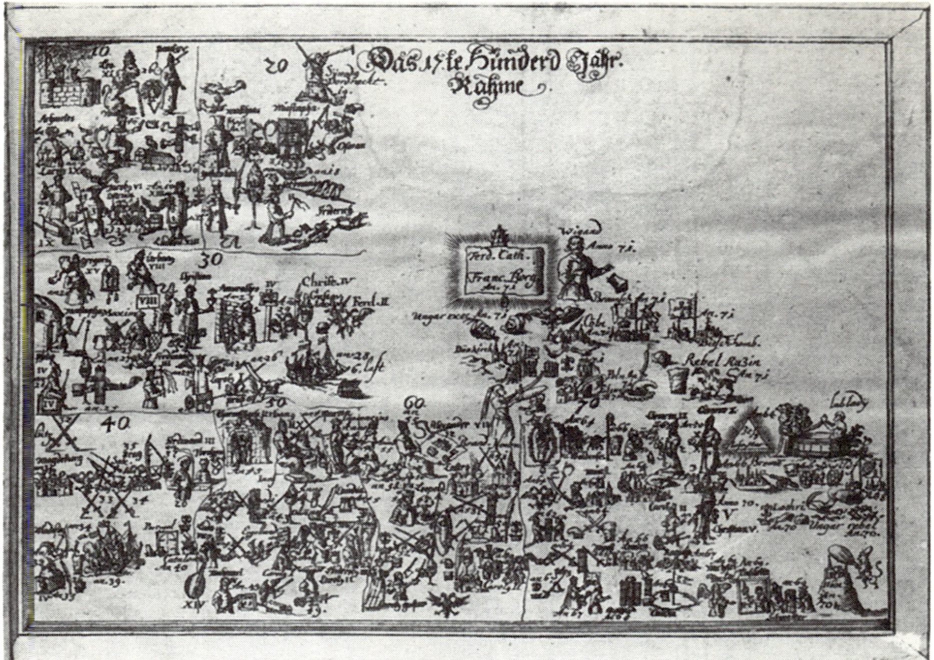

Johann Buno, „Historische Bilder, Darinnen Idea Historiae Universalis: Eine kurtze summarische Abbildung der fürnehmsten Geist- und Weltlichen Geschichte“, Lüneburg 1672

führte, aber abgewehrt, ja unter Prinz Eugen in eine Gegenoffensive gewendet werden konnte und so einen glanzvollen Wiederaufstieg des Kaisertums in Wien unter Leopold I. ermöglichte. Die andere Expansion war die ludovizianische, die das Elsaß mit Straßburg kostete, aber in einem zweiten dreißigjährigen Krieg gegen Ludwig XIV. doch in Grenzen gehalten werden konnte. Der Reichstag, der 1648 die Kompetenz über Krieg und Frieden erlangt hatte, hat die erzwungenen Reichskriege solidarisch beschlossen und zur Schadensbegrenzung beigetragen. So prägte die frühneuzeitliche Kriegsverdichtung auch die zweite Hälfte des siebzehnten Jahrhunderts, dem manche den Beinamen eines martialischen oder eisernen Jahrhunderts gaben. Hören wir zur Abwechslung einen Nürnberger Schulmann, der in seinem etwas später erschienenen Konkurrenzwerk jedem Jahrzehnt einen Merkvers gab, so daß man sich den Lauf des Jahrhunderts buchstäblich zusammenreimen konnte. Für die bislang weißen Jahrzehnte lautet er: „Der Türcke wird gezwicket/Da Ludwig Holland drücket./Wien wehrt sich ohn Ermüden/Gibt Ost und Westen Frieden." Gemeint ist der Frieden von Rijswijk von 1697 mit Frankreich und der Friede von Karlowitz 1699 mit den Türken. Der Spanische Erbfolgekrieg war noch hinter der Jahrhundertschwelle verborgen und die friderizianischen Kriege noch weit. So konnte dieses Jahrhundert, das vor allem ein kriegerisches war und auch so erlebt und erlitten wurde, wenigstens am Schluß Friedensaussichten in Ost und West heraufbeschwören.

Aber es war erst einmal ein Trugschluß.

Christian Pfister

Jahrhundertwetter

„Die Eisschollen [im Ärmelkanal] waren so mächtig, dass ich ohne Gefahr darauf klettern konnte“, schrieb Richard Freebody aus Lydd (Kent) seinem Neffen im Februar 1684. „Von kräftigen östlichen Winden getrieben, bewegten sie sich etwa im Schrittempo der Küste entlang. Alle Schiffe waren in den Häfen blockiert“. Handelte es sich um arktisches Treibeis, das durch den kalten Ostgrönlandstrom in die Nordsee und von dort in den Kanal verfrachtet worden war? Zwischen 1675 und 1700 waren die Winter – wahrscheinlich unter dem Einfluß einer abgeschwächten Sonneneinstrahlung („Maunder Minimum“) – fast 2 °C kälter und erheblich trockener als heute, wie anhand der ersten brauchbaren Instrumentenmessungen festgestellt worden ist. Verantwortlich für die häufigen Eiswinter waren stationäre Hochdruckgebiete über dem Baltikum, die an ihrem Südrand sehr kalte und trockene Kontinentalluft nach Mitteleuropa führten. Die Abkühlung des Winterhalbjahrs drang von Westen nach Osten vor. 1675 wurde sie in England, 1680 in Mitteleuropa, 1685 in Ungarn spürbar. In Mitteleuropa blieb der Boden in den 1690er Jahren fast dreimal so lange mit Schnee bedeckt wie im vergangenen Jahrzehnt. Doch sind selbst zwischen 1680 und 1700, wie dies für ein natürliches Klima charakteristisch ist, vereinzelt extrem warme Winter nachgewiesen. Die Erwärmung der Winter setzte sich nach 1697 wiederum von West nach Ost durch. Im Sommerhalbjahr verschob sich die Zugbahn der Tiefdruckgebiete nach Süden. Zwischen 1684 und 1705 dehnte sich das Azorenhoch in keinem einzigen Sommer für längere Zeit nach Mitteleuropa aus. In ähnlicher Weise häuften sich kühle und feuchte Sommer in den Jahren 1618 bis 1628. Eine Trendwende lässt sich um 1630 feststellen: In den folgenden 55 Jahren wechselten wärmere und kältere Sommer in kurzer Folge, die Durchschnittstemperatur entsprach etwa jener in der Periode 1901–1960. Die Winter waren zwischen 1624 und 1649 stärker durch die Westwindzirkulation geprägt. Für vorindustrielle Gesellschaften war dies nicht nur von Vorteil. Feuchte und milde Winter waren oft mit einer Zunahme von Rattenflöhen, den Überträgern der Pest verbunden, deren Vermehrung durch winterliche Kälte und Trockenheit unterbunden wird. Ist es Zufall, daß Mitteleuropa gerade in dieser Zeit wiederholt von verheerenden Pestwellen heimgesucht wurde?

Gerhard Stadelmaier

Pariserische Dramaturgie: Phantastische Stunde

Racine liest heimlich „Hamlet" und muß lachen

Eben schlägt die Glocke von Port Royal Mitternacht. Der noch junge Herr im Sessel verzieht leicht seine müden Augen unter den schweren Lidern, ein sanft sarkastisches Lächeln umspielt seinen schönen, aber wie mit leichter Bitterkeit parfümierten Mund, den ein schmales, nur wie angedeutetes Bärtchen auf eine Weise überschattet, daß man meinen könnte, ihm wüchse knapp unter der Nase eine zweite Oberlippe. Sein Atem geht schwer.

Als er vor ein paar Augenblicken den Verschlag der Kutsche, die ihn von Versailles hergebracht hatte, hinter sich zufallen hörte, war aus dem Schatten der Abteitüre eine merkwürdige Gestalt auf ihn zu- und an ihm vorbeigestürzt, hatte mit einem wohl stark deutschen, unangenehm sächsischen Akzent etwas von „dero kahlstem, wässrigstem, untragischstem Zeugs!" unmanierlich gemurmelt und ihm einen Packen Papier in die Rocktasche gesteckt. Daraufhin war die Erscheinung, die auch eine ganz unmögliche Perücke trug, wie sie vielleicht erst das kommende Jahrhundert vielleicht um Wolfenbüttel herum hervorbringen würde, verschwunden.

Man liebt keine Gespenster hier in Port Royal. Aller Spuk ist des Teufels.

Und der Teufel sollte wie der liebe Gott, der so lieb auch nicht war, verborgen bleiben. Den Menschen bleibt nichts, als der Bestimmung zu leben, die sie von Geburt und von Vorsehung an in sich trugen. Da ist für Geister so wenig Platz wie für gute Werke. Da gilt kein Schein, nur das kalte Sein. Selbst Leute, die auf dem Theater ganz harmlos nur so tun, als seien sie ganz andere Leute, sind für dieses merkwürdige Kloster hier Ausgeburten des Satans.

Dabei ist er hier aufgewachsen, hatte Haus und Lehre hie und da auch verraten, indem er all dies suchte und fand, was diesem Ort hier ein Abscheu ist: Hofglanz und Theaterkarriere und Stückeschreiberei und Geld und Einfluß und Wohlleben. Aber jetzt ist er hierher zurückgekehrt. Er wird eine Betschwester heiraten und brav sein und vielleicht noch das eine oder andere biblische Drama für den Hof schreiben. Denn dort regiert jetzt die Betschwester Madame de Maintenon den großen Sonnenkönig und das Reich. Die Heilige Schrift ist am Hofe groß in Mode. Man wird aufatmen in Port Royal.

Er seufzt tief und leicht gequält. Man schreibt das Jahr 1677. Er ist achtunddreißig und, da kann Monsieur Boileau, dieser Kretin von einem Kritiker, sagen und dem König ins Ohr blasen („Molière, Sire, nur Molière"), was er will: Er hier ist der größte Dramatiker des Jahrhunderts und der Nation. Obwohl sie heute seine „Phèdre" zum letzten Mal im Hôtel de Bourgogne gegeben haben, die man jetzt wegen einer dieser unsäglichen Intrigen absetzt. Er hat genug vom Hof, aber immerhin die Zusicherung des Königs in der Tasche, als Hofhistoriker fungieren zu können, das heißt auf einem herrlichen Abstellgleis zu paradieren. Wenngleich ihm das Dienen, das Schmeicheln, das Schielen nach den höheren Stellen, das Oden- und Hymnenschreiben auf den höchsten Herrn immer genauso leicht von der Hand und vom Charakter gegangen ist wie das riskante, kitzelige Spiel mit den Majestäten, denen er in seinen Stücken die unerhörtesten Dinge zumutete.

Was Racines Lieblingsfrau Leiden schafft:
Friederike Bethmann-Unzelmann als Phädra mit zwei Begleiterinnen
im Hoftheater Berlin, 1806, während der Vorstellung
skizziert von den Gebrüdern Henschel.

Molière, der widerliche, agile Kerl, der es sich herausgenommen hatte, auf eine seiner Tragödien eine höhnische Parodie zu verfassen, war da immer unabhängiger, aber auch gefälliger gewesen: gegen Ärzte oder Pfaffen zu schreiben, die plumpe Dummheiten machten und sich in die falschen Frauenbeine versahen – welche Gratiskunst! Er dagegen hatte gegen Könige geschrieben, die sich in wahnvoller Lust verstiegen und im Rasen den allerletzten Rest an Verstand verloren.

Molière, der hustende Floh, war dagegen vor dem König gekrochen, jawohl, gekrochen. Hatte nach der schützenden Hand des großen Louis gebarmt, als ihm die Klerikalen zum bösen Tanz aufspielten (aber sein „Tartuffe" ist wirklich kein schlechtes Stück, eigentlich eine Tragödie). Außerdem war Molière, Friede seiner Asche, immer der Altdramatiker gewesen und ich der Jungdramatiker, vom groben Uraltschlachtroß Corneille einmal ganz zu schweigen. Apropos Corneille: Fast hätte ich das Gespenst von vorhin vergessen.

Vorsichtig, zögerlich, aber doch nicht wenig neugierig tastet er nach seiner Rocktasche. Er zieht einen Packen Papier hervor, eng bedruckt. Im Schein der flackernden Kerze liest er nun ein neues Stück, das ihm das deutsche Gespenst mit einer bleichen Miene zugesteckt hatte, als solle er sich den Rest seines Lebens davor so gründlich erschrecken, daß er nie wieder zur Feder greifen würde. Als sei dies das Hauptwerk einer deutschen Dramaturgie, das ihn, wenn es nur wollte, völlig zerschmettern könnte. Er entziffert den Titel des Stücks: „The Tragicall Historie of Hamlet, Prince of Denmarke. By William Shakespeare", gedruckt in London 1603. Also ist das neue Stück auch schon von gestern. Mon dieu, die Deutschen maskieren sich als alte Engländer. Pauvre Allemagne.

Er seufzt erneut und schaudert. Ein völlig unmögliches Personenverzeichnis. Zwar schon Könige, wie es sich gehört. Aber dann auch Soldaten, Diener, Sekretäre. Die Akteinteilung nur angedeutet, vom zweiten Akt an völlig frei und chaotisch (könnte aber auch am Drucker liegen). Keine Einheit der Zeit. Zwar ist der Ort der Handlung Helsingör, aber der Ort wirkt absolut durchlässig, die Leute scheinen wie durch Wände zu gehen. Eine völlig unmögliche, rohe, beefsteakartige Sprache, ohne Bindung an eine Form, völlig frei im Rhythmus. Auch scheint jedes Wort wie durch Wände gehen zu wollen, als wolle es den Verstand um jeden Halt bringen. Und was für ein Aufwand an Intrigen, vergifteten Getränken, Wasserleichen und Worten!

Nach zweieinhalb Stunden hat er es ausgelesen. Und muß nun doch lachen. Er hatte sich vor einem Gespenst gefürchtet. Er nimmt einen Silberstift zur Hand und schreibt ans Ende: Pauvre Allemagne! Und dann über den Rand der letzten Seite: Warum ist Herr Shakespeare so undeutlich? Und: Warum hat er Angst vor den wahren Katastrophen? Warum versteckt er sich?

Bin denn nicht ich der größte Offenbarungsdramatiker!? Meine Figuren können zu ihren Katastrophen nur kommen, wenn sie sie aussprechen. Meine Phèdre, meine einzig und letzte Geliebte, begehrt bis zum Wahnsinn ihren reinen, unschuldigen Stiefsohn. Sobald sie ihre Liebe ausspricht, fängt sie an, wundervoll und düster „zu brennen“ in völliger Dunkelheit, denn in meinen Stücken wird es eigentlich nie Tag, es sind Nachtstücke. Und dann rast meine dramatische Lieblingsfrau in unbegreiflicher und unbegriffener Lust, die ihren Ehemann Theseus völlig vergißt, der sich sowieso in der Welt herumtreibt und königlich hurt, wo er mag. Ihre Mutter Pasiphae hatte sich noch Tieren hingegeben und ihren reinen, erhabenen Vater Minos verraten. Dadurch, daß Phèdre nach dem Ehebruch und dem Inzest in einem giert, sucht sie die Schande der Mutter zu tilgen. Denn Theseus ist nicht der Ersatz für den reinen, wunderbaren Vater, sondern nur die männliche Ausgabe einer verkommenen Mutter (so ähnlich würden sie das allerdings in Port Royal auch sehen), während der Stiefsohn Hippolyt für sie das Bild eines makellosen, unnahbar reinen Theseus ist. In diesen neuen Theseus alias Hippolyt verliebt sie sich. Und am Ende muß Hippolyt sterben. So kompliziert einfach sind Seelen. Und so einfach kompliziert führt das zur Katastrophe. Denn zwischen die Wünsche und Gedanken und die Sehnsüchte gerät der Körper und spricht eine eigene Sprache. Und diese Sprache ist die Grenze, die dann der Tod überschreitet, weil es die Leidenschaft so will. Eine Leidenschaft, die keine Bedingung kennt: Am Ende liegen meine Welten immer in Trümmern. Lauter offene Katastrophen, die von geheimem Begehren gezündet und zur Explosion gebracht werden. Das soll mir erst einmal einer nachmachen: der größte Schmutz, in die gläserne Reinheit von Versen gegossen. Leidenschaft pur. Voilà!

Aber Monsieur Shakespeare läßt am Ende einfach einen Fortinbras auftreten, der das Land kassiert und verlangt: Laßt die Trompeten blasen und die Geschütze donnern. Und dann ab mit all den schönen Leichen ins Pantheon. Und die Welt geht einfach weiter. Lächerlich. Jedes Drama vernichtet die Welt. Und keiner erfährt in „Hamlet“ bis zum Schluß, worum es eigentlich geht. Was für ein Stoff in diesem Stück. Und wie wenig daraus gemacht!

Hier zum Beispiel, in dieser Szene mit den Totengräbern, wird so nebenbei erzählt, daß offenbar Hamlets Vater den alten Fortinbras an dem Tag erschlug, an dem Hamlet geboren wurde. Also ist Hamlets Geburt mit einem Mord belastet. Und also ist Hamlets Vater ein Mörder und Hamlets Mutter wahrscheinlich niedergekommen in höllischer Angst. Wie hätte ich Hamlets Mutter rasen lassen: Sie wäre der wahrere Geist, nicht der Alte!

Der alte Hamlet wird dann selbst von seinem Bruder ermordet, wie hier zu lesen steht, „in seiner Sünden Maienblüte“. Aber wieso Sünden? Und wieso kann Laertes so ohne weiteres einen Anspruch auf Dänemarks Thron erheben, wenn er nur der Sohn einer minderen Hofcharge wie des Polonius ist? Und warum wird Ophelia wahnsinnig, warum geht sie ins Wasser, nachdem ihr Vater von Hamlet abgestochen wurde wie ein kapitales Kalb? Das stinkt: nach irgendeinem Bett. Und was ist mit Ophelias Mutter? Stinkt ebenfalls nach Bett. Wie hätte ich diese Betten in Verse gegossen!

Könnte es nicht sein, daß „der Sünden Maienblüte“ von Hamlets Vater im Bett der Ehefrau des Polonius aufging? Daß Laertes ein leiblicher Sohn des alten Hamlet, ein Halbbruder des jungen sein könnte? Familienbande. Daß die Königin Gertrude ihren Mörder-Schwager Claudius schon lange begehrte?

Sind denn nicht Inzest, Blutschande, Liebesraserei die stärkeren dramatischen Beweggründe als dieses wässrige Zögern und Zaudern dieses Knaben Hamlet, der immer nur zu allem „Pfui, pfui, pfui!“ schreit, aber nie zu irgendwas Tragischem kommt, außer daß er zum falschen Degen greift?

Ist es denn so ganz unwahrscheinlich, daß Polonius, der seine Tochter so eifersüchtig hütet, als gönne er sie keinem Mann, die Rolle des Mannes in Ophelias Jungmädchenbett gespielt hat, ja ihm vielleicht die Tochter von der Mutter geradezu angeboten wurde, da die Alte selbst ja mit dem alten Hamlet . . .? Das eigentliche Drama hat längst stattgefunden. Und welche Welt vernichtet denn dieses Drama? Keine Welt – es vernichtet doch nur eine Kolportage. Denn es sagt nicht die Wahrheit über die Welt. Der junge Mann, der den Wahnsinnigen spielt; die junge Dame, die ins Wasser geht; der Bruder, der da rast und mit dem Degen fuchtelt; der König, der das Gift abfüllt; die Königin, die den Giftbecher zufällig trinkt, und die anderen Todgeweihten – sie reden alle

Worte, Worte, Worte (und manchmal auch Träume). Aber von dem, was im Untergrund brennt, reden sie nicht. Sie verschweigen. Sie sprechen aufs Gröbste (und manchmal auch aufs Schönste) Philosophien, Lebensweisheiten, Todesverzweiflungen. Aber von wahren Leidenschaften keine Spur. Nur einmal zeigt Hamlet sehr hübsch seine Leidenschaft fürs Theater.

Vielleicht ist es das, was das deutsche Gespenst an diesem Wust Papierdrama so attraktiv findet: wilder Theaterkopf auf bravem Unterleib. Während bei meinen Stücken der kluge Kopf auf wildem Unterleib sitzt. Doch das darf man in Port Royal nicht einmal leise denken. Hier, wo alles so verborgen ist, am allerverborgensten der verborgene Gott, haben die Wände Ohren und Augen. Also in den Kamin mit „Hamlet"! Und die Deutschen werden mich sowieso nie verstehen. Die Nacht ist auch bald gleich vorbei. Ich wittre Morgenluft.

Hans Medick

Wunderbare Aufsicht

Maria Sibylla Merian: Raupenforschung als Gottesdienst

„Als ich vor vielen Jahren diese große und von der Natur überaus nett gezeichnete Motte das erste Mal sah, hab ich mich gleich genugsam über ihre schöne Schattierung und abgewechselte Farben verwundern können und sie damals oft in meiner Malerei gebraucht. Nachdem ich aber etliche Jahre danach durch Gottes Gnade die Verwandelung der Raupen gefunden, ist mir die Zeit sehr lang gefallen, bis dieser schöne Motten-Vogel auch hervorgekommen: war also dazumal, als ich ihn bekam, mit so großer Freude umgeben und in meinem Willen so vergnügt, daß ich nit genugsam beschreiben kann."

Maria Sibylla Merian, die Tochter des berühmten Frankfurter Kupferstechers und Verlegers Matthäus Merian d. Ä., schrieb diese Zeilen zu ihrem Kupferstich „Süße frühe Kirschen" um das Jahr 1679 in Nürnberg. Zu diesem Zeitpunkt hatte sie eine Hauptstrecke ihres Weges von der Malerei zur Wissenschaft bereits zurückgelegt. Der Stich und sein Begleittext sind Teil ihres zweiten Buches von „Der Raupen wunderbare Verwandelung und sonderbahre Blumen-Nahrung", das in zwei Bänden 1679 und 1682 in Nürnberg und Frankfurt erschien. Im Jahr 1679 war Maria 31 Jahre alt und seit 1665 mit dem Architekturmaler Johann Andreas Graff verheiratet, den sie in der Frankfurter Werkstatt ihres Stiefvaters Jakob Marrel kennengelernt hatte. Weniger ihrem leiblichen Vater, der starb, als sie kaum drei Jahre alt war, sondern diesem Stiefvater verdankte Maria Sibylla ent-

Maria Sibylla Merian: „Süße frühe Kirschen“ 1679

scheidende Anregungen. Er betrieb in Frankfurt die Blumenstück- und Stillebenmalerei in der niederländischen Tradition und daneben in Holland einen Bilderhandel. Insekten und Raupen waren als Lebenszeichen häufig Teil der Blumenstilleben aus der Werkstatt des Stiefvaters, blieben aber Staffage. Erst Maria Sibylla setzte sie durch ihre Beobachtung und Zeichnung „nach dem Leben“ in eine besondere Bedeutung. Bereits als Dreizehnjährige will sie in Frankfurt nach eigenem Zeugnis die Metamorphose der Seidenraupe in eine Motte beobachtet haben: „Ich habe mich von Jugend auf mit der Erforschung der Insekten beschäftigt. Zunächst begann ich mit Seidenraupen in meiner Geburtsstadt Frankfurt am Main. Danach stellte ich fest, daß sich aus anderen Raupen sehr viel schönere Tag- und Eulenfalter entwickelten als aus Seidenraupen. Das veranlaßte mich, alle Raupen zu sammeln, die ich finden konnte, um ihre Verwandlung zu beobachten ... und sie nach der Natur zu zeichnen und zu beschreiben."

Doch woher rührten die forscherische Passion, die Anspannung, die Freude und das Vergnügen beim Aufspüren und bei der zeichnerisch-malerischen Darstellung der Verwandlung der Raupen in „Mottenvögel"? Natalie Zemon Davis hat die religiösen Impulse betont, die Merian bei ihren Entdeckungen beflügelt hätten, ganz besonders die Wirkungen pietistischer Einflüsse. Merian habe sich ihnen nach 1683 in Frankfurt und später in Holland geöffnet, als sie sich zeitweilig der reformiert-spiritualistischen Gemeinde der Labadisten in Wieuwarden in Friesland anschloß. Die Kunsthistorikerin Heidrun Ludwig verweist auf eine andere Spur: Im religiös-intellektuell-künstlerischen Milieu der Reichsstadt Nürnberg konnte die Ausbildung der Maria Sibylla Merian von der handwerklich-künstlerischen Blumenmalerin zur wissenschaftlichen Pionierin der Insektenforschung besonders gedeihen.

Seit 1670 hielt sie sich als Ehefrau des Johann Andreas Graff in der Reichsstadt auf. Hier arbeitete sie als Zeichenlehrerin für Töchter aus Patrizierfamilien, als Stickerin, Farbhändlerin und Malerin und trug durch ihren Verdienst nicht unerheblich zum Einkommen ihrer Familie bei, zu der zwei Töchter gehörten. Schon Merians Kunstgewerbe diente keineswegs nur der Befriedigung der „Haussorge". Es öffnete ihr die Türen zum Austausch mit der religiösen und literarischen Elite der Stadt, die sich in der Dichter- und Sprachgesellschaft des Pegnesischen Blumenordens zusammengeschlossen hatte. Merians „Raupenbuch" ist Zeugnis dieses Austauschs. Ein Mitglied des Pegnesischen Blumenordens und führender Vertreter einer lutherischen Naturtheologie, der Pfarrer und Professor Christoph Arnold, hat in den Widmungsgedichten zum Raupenbuch den religiösen Sinnhorizont von Merians Forschung bezeichnet. Sein

„Raupen-Lied“ am Ende des Bandes klingt wie ein Gebet: „Lieber Gott, so wirst du handeln auch mit uns zu seiner Zeit. Wie die Raupen sich verwandeln, die durch ihre Sterblichkeit wiederum lebendig werden gleich den Todten in der Erden: laß mich armes Würmelein dir alsdann befohlen sein.“ Doch Merian selbst richtet den Gottesdienst über das Gebet hinaus. In ihrem Buch geht es ihr um „Gottes wunderbare Aufsicht auf so unachtbare Thierlein und Vögelein“ und damit um eine neue Wertschätzung auch der geringsten Kreaturen.

Ergebnis solchen physiko-theologischen Erkenntnisantriebs, gepaart mit mikroskopischer Beobachtungsgabe und künstlerischem Darstellungsvermögen, ist eine neue Art der Naturdarstellung und -wissenschaft. Die „Stilleben“ werden lebendig. Durch genaueste zeichnerische Repräsentation kommt die lebende Natur als Prozeß zum Ausdruck, und zwar als ein ökologischer Gesamtzusammenhang. Die Entwicklung der Insekten vom Ei über die Raupe bis hin zum Schmetterling oder „Motten-Vogel“ wird von Merian als ihre eigene „ganz neue Erfindung“ behauptet. Auch wenn dies nicht ganz zutrifft und andere vor oder gleichzeitig mit ihr die Insektenmetamorphose dargestellt haben, bleibt ihr Verdienst die ganzheitliche Sicht dieses Prozesses: keine Insektenmetamorphose ohne die Mitwirkung bestimmter natürlicher Wirtspflanzen, ob „süße Kirsche“, „Kohlblätter“, „Kerbel“ oder „gemeines Gras“. Ziel bleibt auch hier, für den herkömmlich niedrigsten Teil der Natur die Vollkommenheit und Schönheit von Gottes Schöpfung herauszustellen.

Maria Sibylla Merian war sich der Grenzüberschreitung bewußt, die sie als Hausfrau und Kunsthandwerkerin mit ihrem Vorstoß in die gelehrte Welt riskierte. In der noch nicht von akademischen Männlichkeitsritualen und Institutionen verfestigten Welt des siebzehnten Jahrhunderts war das Risiko möglicherweise geringer als dies hundert oder hundertfünfzig Jahre später der Fall gewesen wäre. Immerhin wurde ihr von ihrer männlichen Umwelt Lobpreis als „neue Minerva" zuteil. Merians forscherisches Temperament und ihr Drang, der „vielfältigen Erfahrenheit" auch der geringsten Lebewesen gerecht zu werden, führten sie im Wortsinne an die Grenzen der Erkenntnis und der Welt des siebzehnten Jahrhunderts. Nach der Trennung von ihrem Mann schloß sie sich der Lebens- und Religionsgemeinschaft der Labadisten in Friesland an, später (1691) zog sie mit ihren zwei Töchtern nach Amsterdam. Dies brachte sie nicht nur in eines der Zentren der gelehrten Welt, sondern auch in eine Metropole, in der die Handelsströme und Informationen aus Europa wie aus der außereuropäischen Welt zusammenliefen. Von 1699 bis 1701 unternahm sie, begleitet von ihrer fünfzehnjährigen Tochter Dorothea, eine Forschungsreise nach Südamerika in die holländische Kolonie Surinam. Diese Reise war selbst organisiert und bezahlt. Sie stand nicht, wie in der damaligen Zeit üblich, unter dem Patronat eines Mäzens oder einer Institution. Merians Antriebe hierzu erwuchsen aus ihrer weitausgreifenden wissenschaftlichen Neugier wie aus den gelehrt-künstlerischen Verbindungen, die sie in Amsterdam erfolgreich weitergesponnen hatte. Zwei Jahre erforschte Maria Sibylla Merian im Dschungel Surinams die Lebensgeschichten der surinamesischen Insektenwelt. Am Ende stand eine Publikation: „Metamorphosis Insectorum Surinamensium" (1705). Das Buch machte sie berühmt, doch aufgrund der hohen Herstellungs- und Druckkosten zugleich auch arm. Sie starb 1713 in Amsterdam. Ihr Begräbnis wurde im Register der „Unvermögenden" eingetragen.

Heute wird die Erinnerung an Maria Sibylla Merian durch ihr Portrait auf 500-DM-Scheinen und durch ihren Namenszug auf dem ICE 673 von Hamburg nach Stuttgart wachgehalten. Wer denkt dabei schon an die einzigartige Synthese von Kunst, Religion und Wissenschaft, die Merian zu Wege brachte, indem sie Möglichkeiten nutzte, die sich einer Frau in der Frühen Neuzeit eröffneten?

MICHAEL JEISMANN

Jüngste Tage
Im Affekt

Ludwig XIV. war begeistert. Der König, der so gerne Ballett tanzte und die abgezirkelten Bewegungen liebte, hatte so etwas wie ein gemaltes Ballett präsentiert bekommen, ein Ballett fürs Gesicht. Der es ihm darbrachte, hieß Charles Lebrun und war Generaldirektor der königlichen Kunst- und Gobelinsammlungen. In einem Vortrag, der den Titel „Expression des passions“ trug, hatte Lebrun einen Katalog der Ausdrucksformen entworfen und dies anhand zahlreicher Illustrationen veranschaulicht und in Regeln gefaßt. Bei Lebrun konnte man sehen und zeichnen lernen, wie ein Mensch aussah, wenn er wütend war oder traurig, wenn er haßte oder mißtraute. Die Gefühlsbewegungen waren plastisch geworden, lesbar – und steuerbar.

Dieses kriegerische Jahrhundert, das mit dem Fenstersturz von Prag begann, endete also mit einer Gesichtskontrolle nach Versailler Art. Es war zunächst nur ein Nebeneffekt, daß öffentlich und privat auseinander traten. Der immer schärfere Druck der sozialen Konvention sollte bald Hohlkammern der emotionalen Intimität schaffen. Aber nach einer langen Epoche der durcheinander geratenen Affekte, die das Miteinander zur Qual hatten werden lassen, war nicht nur die weltliche und kirchliche Obrigkeit von der Aussicht fasziniert, die Regungen der Seele zu beherrschen und zu benutzen.

Die Zeitgenossen der Reformation hatten einst nicht recht verstanden, warum Erasmus von Rotterdam seine letzte Lebenskraft in das „Lob der Höflichkeit“ steckte, ein kleines Werk, das sich der Erziehung der Kinder widmete und alles Benehmen auf die Soziabilität abstellte, darauf, daß man miteinander auskam, trotz aller Unterschiede der Temperamente und Meinungen. Den großen Erfolg dieses Werks, das 1530 in Basel erschien und vielfach kopiert wurde, erklärte Norbert Elias damit, daß es sich hier um ein „kollektives Werk" gehandelt habe, das einem allgemeinen Bedürfnis nach besserer Beherrschung entsprach. Denn insbesondere die konfessionellen Gegensätze hatten die sozialen Ausdrucksformen angegriffen. Und noch vor dem Fenstersturz von Prag signalisierte Shakespeares „Hamlet", entstanden zwischen 1600 und 1601, die Unordnung im kollektiven Affekthaushalt. Das Drama ist als Kulminationspunkt einer allgemeinen Verunsicherung interpretiert worden, als ein Spiel im Spiegelkabinett der Gefühlsgesten: lauter Brechungen, aber nicht eine eindeutige Ansicht.

Im Dreißigjährigen Krieg erlebte Europa dann alles, was an Leidenschaft, an Exzessen und an Gleichgültigkeit zu erleben war. Wenn es so weit hatte kommen können, mußte die Verheerung der Gemüter groß, die Kenntnisse vom Menschen aber offensichtlich zu gering gewesen sein. Flugblätter und später Zeitungen sollten zudem einen Echoraum mit starken Eigengeräuschen erzeugen, in dem man das eigene Wort nicht mehr verstand. Und wieder ist es ein letztes Werk, das einem kollektiven Bedürfnis auf einzigartige Weise entgegenkommt. Der große Rationalist René Descartes veröffentlicht ein Jahr nach Abschluß des Westfälischen Friedens sein „pathologisches Traktat" von den „Leidenschaften der Seele". Man muß, sagt er, endlich den Menschen erkennen, wie er ist; die überkommene Moralphilosophie sah den Menschen nur, wie er sein sollte. Und die antike Affektenlehre war auf rhetorische Wirkung ausgelegt; sie kam nicht dorthin, wo die Eigendynamik der Affekte im Verborgenen wirkte, ohne sich auszusprechen. Mit Augustinus hatte man die Leidenschaften als sündhaft verdammt, aber studiert hatte man sie nicht, und so war man ihnen nun ausgeliefert gewesen. Das hoffte Descartes zu ändern, in dem er Körper und Seele in ihrer Wechselwirkung betrachtete, in dem die stets im Gleichgewicht zu haltende Selbstregulierung der Leidenschaften die entscheidende Rolle spielt. Auch wenn Descartes wegen seiner Vorstellung, eine „Zirbeldrüse" sei der Hauptsitz der Seele, postum viel verspottet und bis hin zu Martin Heidegger als Fanatiker einer hybriden Rationalität hingestellt wurde, so ist seine Erkenntnisleistung und sein Einfluß doch beträchtlich. Und seit Descartes ist die Beschäftigung mit den Leidenschaften nicht abgebrochen. Periodisch durchlaufen die Gesellschaften die Klimazonen, mal die Kälte im Individuellen propagierend und dafür im Kollektiv dem Rausch ergeben (wie nach dem Ersten Weltkrieg), mal geradwegs umgekehrt.

Eine Geschichte dieser Gefühlskonjunkturen gibt es noch nicht. Immerhin konnte man unlängst selbst erleben, wie die Nachkriegszeit erst wirklich zu Ende ging, als die emotionale Versiegelung des Zweiten Weltkriegs aufbrach und man mit viel Verve die Emotionalität des Historischen wieder zu entdecken sich anschickte. Auch hier gilt Descartes' Motto über dem letzten Kapitel seines Traktats, daß „von den Leidenschaften allein alles Gut und Übel dieses Lebens abhängt".

Bernhardt R. Kroener

Die Familie nährt den Krieg

Die Uniform galt noch als unfein, aber schon um 1600 begann das europäische Wettrüsten

Reisende, die zu Beginn des siebzehnten Jahrhunderts das Reich auf dem Weg zu den Messen in Frankfurt und Leipzig durchquerten, zeigten sich immer wieder erstaunt über die große Zahl von Bewaffneten, die sie vor allem in den größeren Städten und Weilern antrafen. Angstvolle Unruhe und eine unterschwellige Gewaltbereitschaft waren allenthalben zu verspüren. Wachsender Bevölkerungsdruck schmälerte die Lebensgrundlagen der Menschen. Ernährungskrisen erreichten inzwischen selbst die Schichten, die bisher davon verschont geblieben waren. Verelendung in Stadt und Land vermehrte die Zahl der Bettler und vergrößerte die Zahl derer, die als fahrendes Volk, als Vagierende auf der Straße ihren Unterhalt zu finden suchten.

Die Armeen der europäischen Staaten jener Epoche, sieht man von der großen Zahl kriegserfahrener Söldner einmal ab, die Spanien, die Supermacht der Zeit, in seinen weit verstreuten Besitzungen unter Waffen hielt, bestanden in der Regel aus kaum mehr als einer Leibwache. Die europäischen Mächte, die während des siebzehnten Jahrhunderts im Verlauf jahrzehntelanger, von nur wenigen Friedensjahren unterbrochener Kriege ihre Rangordnung festlegten, besaßen zunächst weder das verwaltungsspezifische Instrumentarium noch die finanztechnischen Voraussetzungen, um ihre volkswirtschaftlichen Ressourcen in dem Umfang zu mobilisieren, der eine dauerhafte militärische Rüstung erst ermöglichte. Drohte Krieg, wurde Kriegsvolk geworben, dessen Zahl sich in der Regel nach der Leistungsfähigkeit des jeweiligen Kriegsherrn richtete. Sie fand einen Ausdruck in der Kreditwürdigkeit und bestimmte damit auch den Umfang seiner Kriegsfinanzierung.

Während des sechzehnten Jahrhunderts war die waffentechnische Modernisierung der europäischen Heere rasant vorangetrieben worden. Die immer leichter zu handhabenden Luntenschlossmusketen erlaubten eine verstärkte Bewaffnung der Fußsoldaten mit Handfeuerwaffen, während gleichzeitig die Artillerie in einer Weise beweglich gemacht werden konnte, daß sie nicht nur als Belagerungsartillerie, sondern unmittelbar auf dem Schlachtfeld eingesetzt werden konnte. Ihre verstärkte Feuerkraft ließ sich letztlich nur durch eine stetige Vergrößerung der Truppenstärken kompensieren. Damit wurde eine Rüstungsspirale in Gang gesetzt, die sich, von einer kurzen Unterbrechung während des achtzehnten Jahrhunderts abgesehen, bis in die Gegenwart fortgesetzt hat.

Bei Ausbruch des Krieges, den man schon wenige Jahrzehnte später den Dreißigjährigen zu nennen sich angewöhnte, waren sich die Krieg führenden Herrscher Europas der Notwendigkeit bewußt, möglichst umfangreiche Truppenkörper aufzustellen, doch vermochte keiner von ihnen diese Mobilisierung auf eigene Rechnung durchzuführen. Man ließ werben und je nach finanzieller Leistungskraft stellten private Heeresunternehmer auf eigene Rechnung Regimenter oder nur Kompanien, bisweilen sogar eigene Armeen auf. Wo immer die Werbetrommel der Regimenter gerührt wurde, drängten sich diejenigen an die Mustertische, denen das Leben andere Verdienstmöglichkeiten nicht mehr gewährte. Zu Beginn des Krieges galten zunächst noch die Regularien des freien Söldnertums des sechzehnten Jahrhunderts. Der Soldat ging ein Vertragsverhältnis mit seinem

Obersten ein, dessen Grundlage die Verdingung der individuellen Körperkraft gegen regelmäßige Versorgung und Soldzahlung war. Blieb der Dienstherr seine Leistung schuldig, konnte der Söldner darauf mit Leistungsverweigerung reagieren. Sie erfolgte durch Streik und Meuterei, häufig rissen die Kriegsknechte aus, nicht um aus dem Krieg zu desertieren, sondern um bei einem anderen Kriegsherrn Sold und Brot zu suchen. Andererseits war auch der Regimentschef berechtigt, den Kontrakt, den er mit dem Söldner eingegangen war, zu lösen, wenn dieser seine körperliche Unversehrtheit, das Grundkapital, das er in sein Dienstverhältnis eingebracht hatte, verloren hatte.

Dabei bildete das unmittelbare Schlachtgeschehen nur ein und nicht einmal das größte existentielle Risiko. Krankheit und Tod lauerten vor allem entlang der Marschstraßen und in den Feldlagern. Im Verlauf des Krieges mußte eine immer größere Zahl von Soldaten dazu verwendet werden, die benötigten Nahrungsmittel in der Umgebung der Armee zusammenzutreiben. In dieser Situation verfügten die Söldner durch ihre schiere Zahl und die Gewalt ihrer Waffen in der Regel über die stärkeren Argumente. Der Konflikt spielte sich aber nicht nur zwischen ihnen und der eingesessenen Bevölkerung ab, er wurde zusätzlich durch das Bestreben ihrer auf privatwirtschaftlicher Basis operierenden Offiziere angeheizt, die bei jeder sich bietenden Gelegenheit aus den Wechselfällen des Krieges einen größtmöglichen Profit herauszuschlagen suchten. Der Söldner war Bestandteil des Humankapitals, das sich möglichst in kurzer Zeit optimal zu rentieren hatte.

Häufig verstanden es die Offiziere in Absprache mit den Müllern und Bäckern der Quartierorte den Soldaten minderwertiges Brot, das zum Teil aus Kleie oder sogar aus Futterwicke bestand, austeilen zu lassen. Bisweilen backte man das Brot nur halb aus; der damit verbundene erhebliche An-

Sebastiaen Vrancx, Die Plünderung des Dorfes Wommelgen, um 1620

teil an Wasser sorgte zwar für das erforderliche Gewicht, aber auch für eine entsprechende Unbekömmlichkeit. Mangelkrankheiten waren bei den unzureichend untergebrachten und verpflegten Soldaten die Folge. Auch die Bekleidung bildete für die Regiments- und Kompaniechefs eine Möglichkeit, sich auf Kosten ihrer Soldaten zu bereichern.

Da in der ersten Hälfte des siebzehnten Jahrhunderts noch keine leistungsfähigen Uniformmanufakturen bestanden, die eine einheitliche Bekleidung der Soldaten hätten gewährleisten können, besaß jeder Kommandeur das Recht, seine Truppe nach eigenen Vorstellungen zu bekleiden. Auch im Verständnis der Offiziere besaßen Uniformen zunächst noch den Charakter einer Livree. Noch im ausgehenden achtzehnten Jahrhundert galt es daher in Frankreich als höchst unschicklich, bei Hofe in Uniform zu erscheinen.

Immer wieder klagten während des Dreißigjährigen Krieges die Befehlshaber, ihre Soldaten, die während eines Jahres hunderte von Kilometern zu Fuß zurückzulegen hatten, besäßen weder Fuß- noch Oberbekleidung. Halbnackte Soldaten stahlen beim Vorüberziehen an einer Stadt die auf der Bleiche ausgelegten Tücher und Wäschestücke.

In der ersten Hälfte des siebzehnten Jahrhunderts trafen auf dem Boden des Reiches Soldaten aus aller Herren Ländern aufeinander. Aus Skandinavien und von der Iberischen Halbinsel, aus England und Irland, aus Italien und von der Militärgrenze auf dem Balkan, aus Ungarn und Polen stammten die Männer, die unter den Fahnen der europäischen Mächte kämpften. Eine vergleichbare geographische Mobilität hatte das frühneuzeitliche Europa bis dahin noch nicht erlebt. Waren es zu Anfang des Krieges in erster Linie die Nichtsesshaften und Erwerbslosen gewesen, die den Weg in die Armeen gesucht hatten, so waren es in der zweiten Hälfte des Krieges zunehmend die, denen der Krieg die Heimstatt geraubt hatte. Mit ihnen zogen nicht selten auch ihre Familien ins Feldlager. Aus dem Blickwinkel einer bürgerlich-liberalen Geschichtsschreibung des neunzehnten Jahrhunderts, die das Soldatsein als Ehrenpflicht und nicht als schnöden Broterwerb betrachtete, wurden die Armeen des siebzehnten Jahrhunderts mit ihrem immensen Troß aus Frauen und Kindern als ein Phänomen der Entartung frühneuzeitlicher Kriegführung angesehen. Dabei wurde nicht berücksichtigt, daß einerseits der Zwang zum Überleben die Familien mit ihren Ernährern in die Armeen getrieben hatte, daß andererseits Frauen und Kinder einen entscheidenden Bestandteil der frühmodernen Heeresorganisation darstellten, ohne die eine Kriegführung in jener Zeit nicht möglich gewesen wäre. Die Frauen im Troß übernahmen zentrale Funktionen der militärischen Logistik. Sie transportierten das Gepäck der Soldaten, hielten Kleidung und Waffen instand, beschafften zusätzliche Nahrung und bereiteten sie zu, pflegten schließlich den Soldaten, dessen Gesundheit auch ihr Überlebenskapital darstellte. Sie gingen mit ihm und für ihn auf Beute und garantierten auf diese Weise der militärischen Hochrisikofamilie vielfach das Überleben. Daß dabei häufig auch brutale Gewalt angewendet wurde und der plündernde Troß einer Armee den wirtschaftlichen Ruin einer ganzen Region bedeuten konnte, steht außer Zweifel. Doch bei aller Gewaltsamkeit, die zwischen den Söldnern und der eingesessenen Bevölkerung stattfand, hat der von Historikern bisweilen angenommene tödliche Antagonismus zwischen ihnen nicht bestanden. Den Kontrahenten war durchaus bewußt, daß sie eine gemeinsame soziale Herkunft verband. Der Krieg und die, die von ihm zu profitieren wußten, hatten sie in einen Kampf um die immer brüchiger werdenden Lebensgrundlagen gehetzt. Als das Morden vorüber, der Frieden geschlossen war, kehrte die Mehrzahl der Söldner wieder in die Städte und auf die Scholle zurück. Über gewaltsame Auseinandersetzungen zwischen den Überlebenden des Krieges und den entlassenen Söldnern berichten die Quellen nicht.

Der ersten Kriegshälfte, die etwa mit dem Prager Frieden von 1635 ihr Ende fand, haben drei herausragende Feldherren erinnerungswirksam ihren Stempel aufgeprägt. Während Johann Graf Tsaerclaes von Tilly, der ligistische Marienfeldherr, in der konfessionellen Propaganda als der greise Verteidiger des alten Glaubens einerseits und als unnachsichtiger Zerstörer Magdeburgs andererseits in die Geschichte eingegangen ist und in dieser Funktion in der politischen Publizistik des neunzehnten Jahrhunderts instrumentalisiert werden konnte, wurde König Gustav II. Adolf zum Retter des Protestantismus im Reich und damit der frühe Wegbereiter eines „protestantischen Reiches deutscher Nation“, wie es in den Augen vieler deutscher Zeitgenossen nach 1870 endlich erreicht worden war. Die mythische Überhöhung des Schlachtentodes, den beide erlitten hatten, blieb dem Dritten, Wenzel Eusebius von Wallenstein, versagt. Der dunkel-geheimnisvolle, religiös weitgehend indifferente Generalissimus erschien nicht nur den Zeitgenossen als ein undurchsichtiger, möglicherweise nach den Sternen politischer Macht greifender Emporkömmling. Der private Kriegsunternehmer, der glaubte, allein kraft seines Schwertes in die Riege der legitimen Herrschaftsträger seiner Zeit aufsteigen zu können, scheiterte auch, weil seine Offiziere ihm die Loyalität versagten, ohne die er seine militärisch-politische Handlungsfähigkeit nicht mehr wahren konnte. Der frühmoderne Staat bedurfte zwar noch privatwirtschaftlich agierender militärischer Machtträger, doch erst die Bestallung durch den fürstlichen Kriegsherrn legitimierte ihr Handeln und schuf die Basis jeglicher Kreditgewährung, auf die alle Kriegsunternehmer des siebzehnten Jahrhunderts angewiesen waren.

Gegen Ende des Krieges vermochten nur noch jene Soldaten sich einigermaßen ausreichend zu versorgen, denen es möglich war, in einem größeren Radius abseits der von ihren Bewohnern verlassenen Siedlungen entlang der Heerstraßen Lebensmittel zu erpressen. Diese Überfälle erfolgten in der Regel durch berittene Truppen, die damit auch der Kriegführung ihren Stempel aufdrückten. Rasch geführte Reiterattacken und handstreichartige Überfälle auf strategisch wichtige Positionen prägten dann auch den Typus des militärischen Führers, wie er sich in den europäischen Armeen der Jahrzehnte nach dem Westfälischen Frieden präsentierte. Die französischen Marschälle Condé und Turenne, der brandenburgische Feldmarschall Derfflinger, die spätere schwedische Kriegführung in Polen, die französische am Rhein und die kaiserliche gegen die Osmanen standen noch deutlich in der Tradition des späten Dreißigjährigen Krieges.

Nach Ende des Dreißigjährigen Krieges bot sich die Gelegenheit, die relative Selbstständigkeit der geworbenen Söldnerheere durch die Abdankung der Truppen zu beenden. Die Bevölkerungsverluste ermöglichten eine rasche Verwendung der ehemaligen Soldaten und ihrer Familien im wirtschaftlichen Wiederaufbau. Damit wurden die bis dahin bestehenden inneren Strukturen der Söldnerheere aufgelöst und die Voraussetzungen für den Aufbau stehender Heere geschaffen.

Wolfgang Behringer

Nachrichten sind Geld

Ein Wundermann des Fortschritts: Johann Carolus und die Erfindung der Zeitung

Johannes Gutenberg wurde im siebzehnten Jahrhundert von Francis Bacon neben Kolumbus als den zweiten Protagonisten der Moderne gestellt. Als Schöpfer der Gutenberg-Galaxis wurde der Säulenheilige der Neuzeit in unseren Tagen sogar in den Rang eines ersten unbewegten Bewegers erhoben. Zieht man versuchsweise das katholische Kanonisierungsverfahren als Maßstab heran, so muß man feststellen, daß andere Protagonisten des europäischen Kommunikationswesens nicht über das Seligsprechungsverfahren hinausgekommen sind. Dazu zählt zum Beispiel Franz von Taxis (1459 bis 1517), der „Erfinder des Postwesens", der im siebzehnten Jahrhundert große Prominenz genoß und von Johann Jacob Moser (1701 bis 1785) – anstelle Gutenbergs neben Kolumbus gestellt worden ist.

Daneben gibt es aber noch einen potentiellen Heiligen, lange unterschätzt obwohl seine Erfindung bis heute wirkt. Die Rede ist von Johann Carolus (1574 bis 1634), ohne den der geschätzte Leser diese Zeilen nicht vor Augen hätte. Dieser erst vor wenigen Jahren wiederentdeckte Straßburger Drucker war der Erfinder der Zeitung. Bereits im ersten Viertel des siebzehnten Jahrhunderts entstand eine räsonierende Öffentlichkeit, nicht erst im achtzehnten Jahrhundert, wie Jürgen Habermas geglaubt hat. Die periodische Presse erlebte seit ihrer Erfindung praktisch in jeder Generation einen Entwicklungsschub und nimmt auch nach der Einführung der elektronischen Medien jene gesellschaftliche

Position ein, die in Anlehnung an die drei seit Montesquieu klassischen Gewalten – Legislative, Exekutive und Judikative – als „vierte Macht im Staat“ bezeichnet wird. Worauf gründete nun die epochale Erfindung des Johann Carolus und warum entging dieser Wundermann des Fortschritts seiner Heiligsprechung? Und warum hat Gutenberg die Zeitung nicht einfach gleich miterfunden? Denkt man an das Vorrücken der Osmanen auf dem Balkan oder später die erregenden Vorgänge des maximilianischen Zeitalters, die grundstürzenden Ereignisse infolge der Reformation, so ist klar, daß die Nachfrage vorhanden war. Hinzukommen mußte die Herstellung verläßlicher Kanäle der Kommunikation. Die Erfindung nämlich, die in der frühen Neuzeit dem verhinderten Heiligen Franz von Taxis zugeschrieben wurde, der um 1500 die Technik der rationalen Raumportionierung aus dem Italien der Renaissance nach Europa gebracht hat.

Die Nobilitierung des „Franz Dachs“, wie ihn die Innsbrucker Hofkammer nannte, durch den Kaiser erfolgte, weil unter seiner Leitung erstmals seit dem antiken Cursus publicus eine verläßliche Nachrichtenverbindung zwischen Italien, Spanien, den Niederlanden und dem Kaiserhof, wo immer dieser sich gerade befand, hergestellt worden ist. Das System regelmäßiger Stationen zum Pferde- und Reiterwechsel, italienisch posta genannt, ermöglichte vor der Erfindung der Eisenbahn den rationellsten Transport von Befehlen und Informationen. Rasch zeigte sich, daß die in Abständen von zirka fünfzehn bis zwanzig Kilometern errichteten Poststationen eine universelle Verwendung finden konnten: Das Postsystem entwickelte sich auch zur neuen Infrastruktur des Reisens in Europa. Die führenden Juristen des siebzehnten Jahrhunderts erkannten wie etwa Andrea Alciati (1492 bis 1550), daß sich das neue Postwesen vom antiken Cursus publicus und von den Kommunikationssystemen anderer

Hochkulturen durch seine öffentliche Zugänglichkeit unterschied. Das zunächst kaiserliche Kommunikationssystem wurde von Privatkunden in Anspruch genommen. Fugger und Welser finden sich unter ihren ersten nachweisbaren Kunden. Von einem Organ der Hofkanzlei wurde das Postwesen zu einem öffentlichen Servicebetrieb, der gegen eine festgesetzte Gebühr (Porto) von jedem in Anspruch genommen werden konnte.

Damit begann jener Nachrichtenhandel, der sich zunächst in der Produktion von sogenannten „Neuen Zeitungen" niederschlug, Einblattdrucken, die von der Entdeckung Brasiliens oder dem Sacco di Roma berichteten. Kanzleien und Kaufleute begannen, an den Orten der großen europäischen Postämter Korrespondenten für die wöchentliche Nachrichtenübermittlung zu halten. An eben diesen Orten entstand ein professioneller Nachrichtenhandel, der seine Dienste gegen Zahlung von Abonnementsgebühren jedem anbot. Manche Nachrichtenhändler gaben ihre Nachrichtenkollektionen als wichtige Zeugnisse der Zeitgeschichte in Druck.

Einer dieser Nachrichtenhändler war Johann Carolus. Wann er seine Dienste als „novellant" aufgenommen hat, ist unbekannt. Der Anschluß Straßburgs an die Infrastruktur der Reichspost im Jahr 1601 wäre ein plausibler Zeitpunkt. Offenbar besaß er bereits einen Stamm von Abonnenten, als es dem Zuwanderer nach einer günstigen Ehe 1604 gelang, die berühmte Offizin des verstorbenen Druckers Bernhard Jobin käuflich zu erwerben. Und ein Jahr später beantragte er beim Straßburger Magistrat die Druckerlaubnis für seine bisher handschriftlich vervielfältigten wöchentlichen Nachrichten. Der Magistrat bewilligte den Antrag und Carolus konnte den Druck seiner Zeitung fortsetzen, den er in der zweiten Oktoberwoche 1605 aufgenommen hatte. Seine wöchentlich gedruckte Zeitung trug im Titel den Begriff „Relation". Ihre Nachrichten bezog sie aus dem Kommunikationsnetz der Reichspost mit Rom, Venedig, Wien, Prag, Antwerpen und Madrid als Nachrichtenorten. Die Abhängigkeit des Protestanten von diesem „katholischen" Nachrichtensystem signalisiert noch einmal dessen Offenheit und Einzigartigkeit.

Die „Straßburger Relation" diente direkt oder indirekt als Vorbild aller späteren Zeitungen, etwa dem 1609 etablierten Wolfenbütteler Aviso, Zeitung und Relation. Die Auflagenzahlen dieser frühen Zeitungen und ihr Einfluß ist vermutlich höher und auch früher anzusetzen als bisher vermutet. Führende Zeitungsstadt war 1618 die Reichsstadt Frankfurt mit drei Zeitungen, doch schon 1625 das freie Amsterdam mit fünf konkurrierenden Blättern, bevor alle Zeitungsverlagsorte von den Metropolen Paris und London an Bedeutung überrundet wurden. Innerhalb von einer Generation etablierte sich zwischen London und Leipzig eine Zeitungslandschaft, deren Topographie sich wenig von der heutigen unterschied. Bereits in den 1620er Jahren wurden die geschriebenen durch gedruckte Zeitungen als Informationsmedium der Höfe und der Stadtregierungen verdrängt.

Wenn dieses neue Medium in so kurzer Zeit so große Erfolge erzielte, warum wurde dann seines Erfinders nicht gedacht? Ein Grund könnte gerade der durchschlagende Erfolg des Mediums sein. Während die Auflagen der Straßburger Relation anfangs gering gewesen sein dürften, wurde Carolus noch zu Lebzeiten auf eine marginale Position zurückgeworfen. Für Nachrichtenbezug und Zeitungsverkauf gaben Großstädte im Zentrum von Postnetzen günstigere Standorte ab. Die frühen Traktate zum Kommunikationswesen wurden zudem von Katholiken verfaßt, doch Carolus war Protestant gewesen. Als man am Ende des Jahrhunderts nach den Ursprüngen der Zeitungen suchte, war der Erfinder vergessen. Erst vor wenigen Jahren konnte der Nachweis geführt werden, daß es der Straßburger Drucker gewesen ist, der zur Revolution des Kommunikationswesens so entscheidend beigetragen hat. Und entgegen dem, was man manchmal über die Frühzeit der periodischen Presse lesen kann, war bereits der Straßburger Prototyp sehr sorgfältig redigiert. Dies verwundert auch nicht, denn mit den Mitarbeitern des Humanistendruckers Jobin verfügte der Nachrichtensammler über hochqualifiziertes Personal.

Wie man dem ersten erhaltenen Zeitungsjahrgang 1609 entnehmen kann, nahm Carolus seine Chronistenpflicht sehr ernst. Er publizierte nur gesicherte Nachrichten und bemühte sich, durch gezielte Nachrichtenauswahl von den wichtigen politischen Vorgängen seiner Zeit, etwa dem Jülich-Kleveschen Erbfolgestreit, ein genaues Bild zu vermitteln. Politische Schlüsseldokumente wie der böhmische Majestätsbrief wurden im Wortlaut abgedruckt. Der älteste heute noch erhaltene Jahrgang der Relation stammt aus der Bibliothek des Reichsklosters Salem.

Universalität, Publizität, Aktualität und Periodizität gehörten im sechzehnten Jahrhundert zu den Merkmalen des Postwesens, seit 1605 wurden sie von hier in den Zeitungsdruck übernommen. Regelmäßig und ohne jede Unterbrechung wurden fortan einem allgemeinen Publikum die neuesten Nachrichten aus einem Nachrichtenraum präsentiert, der prinzipiell die ganze Welt umfaßte. Grenzen des Territoriums oder der Konfession spielten von Anfang an keine Rolle. Wichtig war die Verläßlichkeit der Informationen. Ihrer Verifizierbarkeit diente die Datumszeile vor jedem Nachrichtenblock: Er zeigte dem Leser, ob die Meldung mit dem letzten Postreiter gekommen oder älter war. Auch im Zeitalter des Internet gibt es Zeitungen, die dieses liebenswerte Relikt aus den Anfangstagen des Zeitungswesens konserviert haben.

Silke Leopold

Die Geburt der Oper aus dem Geist der Propaganda

Musikalisches Theater als Vehikel fürstlicher Selbstrepräsentation

Florenz

Liebe – oder auch nur gegenseitiges Einvernehmen – spielte bei dieser Eheschließung, die am 5. Oktober 1600 im Dom von Florenz zelebriert wurde, noch weniger eine Rolle als bei anderen Fürstenhochzeiten: Der (abwesende) Bräutigam Heinrich IV., König von Frankreich, der nach seiner Scheidung ein Jahr zuvor am liebsten seine Maitresse geheiratet hätte; die Braut Maria de' Medici, die nicht mehr junge, wenig anziehende und nicht besonders intelligente Nichte des toskanischen Großherzogs. Was sie für Heinrich attraktiv machte, war einzig und allein ihre exorbitante Mitgift; sie verschaffte dem hochverschuldeten König finanzielle Erleichterung und eine familiäre Verbindung zu den Geldgebern, bei denen er am tiefsten in der Kreide stand. Die Ehe des Bourbonenkönigs mit einer Frau aus einer neureichen, erst seit kurzem adligen Familie konnte nicht einmal mit dynastischen Erwägungen begründet werden. Ganz Europa war klar, daß nichts als ein unwürdiges Geschacher und Gefeilsche um Geld die Eheverhandlungen geprägt hatten.

Um so mehr lag der Medici Familie daran, das Ereignis mit großem Pomp zu feiern und auf diese Weise aller Welt zu zeigen, daß in Florenz nicht nur der Mammon, sondern auch die Kultur zu Hause war. Seit Cosimo I. 1539 seine Hochzeit mit Eleonora von Toledo mit einem prächtigen musikalischen Schauspiel gekrönt hatte, gehörten diese aufwendig inszenierten, „Intermedien“ genannten allegorischen und mythologischen Szenen zum festen Bestand jeder politisch wichtigen Festlichkeit am Mediceerhof. Der regierende Großherzog Ferdinando I. hatte für seine eigene Hochzeit im Jahre 1589 Intermedien in Auftrag gegeben, die nicht nur alles bisher Dagewesene an verschwenderischer Prachtentfaltung übertrafen, sondern sich auch zu einer anspielungsreichen Herrschaftsallegorie vom Goldenen Zeitalter fügten, das nun unter dem neuen Fürstenpaar anbrechen würde. Auch für die Hochzeit seiner Nichte Maria ließ er ein luxuriöses musikalisches Spektakel über den Raub des Kephalos durch Aurora als Höhepunkt der Feierlichkeiten am 9. Oktober vorbereiten. Furore machte aber vor allem ein kleines, in eher privatem Rahmen und ohne großen szenographischen Aufwand dargebotenes Stück, das nichts Geringeres als die Geburtsstunde der Oper markiert: L'Euridice von Ottavio Rinuccini (Text) und Jacopo Peri (Musik), am 6. Oktober im Palazzo Pitti aufgeführt.

Der Stoff konnte beziehungsreicher nicht sein. Wenn schon mit Liebe im wirklichen Leben nicht zu rechnen war, so sollte sie doch wenigstens das allegorische Zentrum der Feierlichkeiten sein: eine Liebe, die sogar den Tod überwindet. Und Rinuccini wandelte die Geschichte von Orpheus, der die Unterwelt bezwingt, um seine Gemahlin zurückzuerhalten, noch zusätzlich ab: Denn statt daß Eurydike ein zweites Mal und endgültig in das Totenreich zurückkehren muß, weil Orpheus aus übergroßer Liebe den Befehl mißachtet hat, Eurydike auf dem Weg in die Welt der Lebenden nicht anzublicken, darf sie hier ohne Bedingungen für immer mit Orpheus auf die Erde zurückkehren und in der Schlußszene gemeinsam mit ihm dem Liebesgott huldigen. Im Vorwort seines Librettos rechtfertigte Rinuccini diese Änderung tatsächlich mit dem Anlaß, zu dem die Oper aufgeführt wurde.

Der Orpheus-Stoff hatte aber noch einen anderen, für die künstlerische Rechtfertigung der neuen Gattung wichtigen Vorzug. Denn die Geburt der Oper ging nicht ohne Komplikationen ab. Was Peris Werk von all den Intermedien zuvor prinzipiell unterschied, was darüber hinaus das Wesensmerkmal der Oper gegenüber allen anderen Formen musikalischen Theaters darstellte, war der gesungene Dialog – jene neuartige musikalische Deklamation, die Peri im Vorwort seiner Euridice-Partitur als „Mittelding zwischen dem gewöhnlichen Sprechen und dem Singen" bezeichnete. Ihr, und nicht all den Tänzen, Chören, Liedern und anderen strophisch geschlossenen Nummern, wie sie in den musikalischen Schauspielen seit langem üblich waren, galt sein kompositorisches Interesse. Er suchte nach einer musikalischen Sprache, die in der Spannung zwischen einem akkordischen Instrumentenklang und einer prosahaft frei darüber rezitierenden Singstimme die Emotionen der handelnden Person, ihre Gemütsverfassungen zwischen Seelenschmerz und Glückseligkeit hörbar machte. Nun war unbestreitbar, daß Menschen nicht singen, wenn sie miteinander kommunizieren. Ein Drama aber, so wollte es die zeitgenössische Theorie, mußte vor allem „wahrscheinlich" sein. Deshalb bedurfte es einer Erklärung, warum auf der Opernbühne gesungen statt gesprochen wurde. Mit Orpheus ließ sich dieses Dilemma am leichtesten lösen; denn daß Orpheus, der Sohn des Apollo und der Muse Kalliope, der mit seinem Gesang und Leierspiel die wilden Tiere besänftigt und den Menschen die Zivilisation gebracht hatte, gleichsam nicht anders konnte als singen, wenn er den Mund öffnete, leuchtete auch dem skeptischsten Kritiker ein. Damit aber auch die anderen Figuren seiner Favola der Wahrscheinlichkeit nicht entbehren mußten, verlegte Rinuccini den Schauplatz des Geschehens nach Arkadien, jener antiken Ideallandschaft, in der nach Ansicht der Renaissance-Dichter die Sprache der einfachen Hirten schon fast Poesie und das Sprechen Gesang war.

Mit diesem durchaus listigen Kniff war der Weg für die Oper, das vollständig in Musik gesetzte Drama, frei. Eine Generation lang dominierten Sujets, deren Protagonisten mit Musik assoziiert werden konnten: Apollo, der Gott der Musik ebenso wie Orpheus, daneben die Nymphe Echo, der säuselnde Frühlingswind Zefiro und all die Tirsis und Cloris, die Hirten und Nymphen Arkadiens. Erst mit zunehmender Gewöhnung des Publikums an den gesungenen Dialog kamen allmählich andere Stoffe und Protagonisten hinzu – mythologische wie Ariadne oder Odysseus, religiöse wie der Heilige Alexius, literarische wie Rinaldo und Armida, historische wie Kaiser Nero oder Alexander der Große.

Mantua

Peris epochemachende Idee der gesungenen Theaterdeklamation barg freilich auch Risiken in sich. Denn die Ausdrucksmöglichkeiten waren begrenzt; die Sensation, die das „recitar cantando" einst in seiner Neuheit bedeutet hatte, verbrauchte sich alsbald, und andere Sensationen hielt diese Gesangsart nicht bereit. Konsequent hatte Peri die Musik der Textdarstellung untergeordnet und auf alles verzichtet, was den besonderen Charakter der Musik ausmachte – vokale Virtuosität, instrumentale Brillanz, Wiederholungsstrukturen, tänzerische Rhythmen. Sein Orpheus war eher ein Meister der Rhetorik als ein Meister des Gesangs. Hätte nicht Claudio Monteverdi der Oper einen zweiten Anschub gegeben, wäre das zarte Pflänzchen möglicherweise schnell wieder verdorrt. Monteverdis Idee, das „recitar cantando" mit den überkommenen musikalischen Formen zu verbinden, denen er nun allerdings bestimmte Aufgaben in Zusammenhang mit der dramatischen Aussage zuwies und sie damit sowohl vor dem Vorwurf der Beliebigkeit wie auch vor dem der Unwahrscheinlichkeit bewahrte, muß als nicht weniger epochemachend bezeichnet werden: Sie legte den Grundstein für die Aufteilung des Operngesangs in Rezitativ und Arie, die bis ins 19. Jahrhundert hinein konstitutiv und verbindlich bleiben sollte. An seinem 1607 in Mantua aufgeführten Orfeo führte Monteverdi vor, wie sich musikalische Sensation mit dramatischer Wahrhaftigkeit verbinden ließen: Orpheus' Vorfreude auf die Hochzeit mit Eurydike kleidete er in ein ausgelassenes, rhythmisch höchst raffiniertes Tanzlied, seinen Weg aus der Unterwelt in ein Loblied auf seine Leier zu virtuosen Violinklängen über einem „gehenden" Baß, und seinen Bittgesang an den Pforten der Unterwelt, das Herzstück der Oper, in eine vokal wie instrumental schier unvorstellbar virtuose Szene, die die Gesangskunst, den Zauber des Orpheus, zu einem Teil der dramatischen Aussage macht.

Monteverdis erklärtes Ziel war es, den Zuhörer nicht nur zu erbauen und zu unterhalten, sondern auch und vor allem zu erschüttern und zu Tränen zu rühren. Mit einer fast schon indiskreten Wahrhaftigkeit legte seine Musik das Innerste der Personen in einer Weise frei, die das Publikum zum Mitleiden, zur Identifikation zwang. Auch in seinen späteren Opern, deren Protagonisten mit Musik nicht mehr assoziiert werden konnten, behielt er sein Konzept von den zwei Ebenen des dramatischen Gesangs bei. Arien und geschlossene Nummern, virtuose Gesangskunst und tänzerische Rhythmen hatten immer dann ihre Berechtigung, wenn die Leidenschaften aus den Menschen hervorbrachen, wenn die Überfülle des Herzens nach einem Ventil suchte. Penelope etwa, die weibliche Hauptfigur in

Monteverdis 1640 entstandener Oper Il ritorno d'Ulisse in patria, singt erstmals in der Schlußszene eine virtuose Arie, als sie Odysseus wiedererkennt; die jubelnden Koloraturen sind ein musikalisches Zeichen für das überschäumende Glücksgefühl.

Venedig

Monteverdis Ritorno entstand unter gänzlich anderen Bedingungen als sein Orfeo mehr als dreißig Jahre zuvor. Es war ein weiter Weg, den die Oper seit ihrer Entstehung zurückgelegt hatte. In Florenz, Mantua und andernorts als Vehikel fürstlicher Selbstdarstellung von den Herrschenden mit schwindelerregenden Summen gefördert, hatte sie sich in der Stadtrepublik Venedig zu einer öffentlichen, kommerziellen Gattung für ein zahlendes Publikum entwickelt, deren Überleben nur durch einen waghalsigen Balanceakt zwischen den begrenzten finanziellen Ressourcen der Veranstalter und den Erwartungen eines anspruchsvollen Publikums möglich war. 1637 hatte in Venedig das erste Opernhaus seine Pforten geöffnet; in den darauffolgenden Jahren kamen zahlreiche weitere Häuser hinzu. Zeitweilig konkurrierten mehr als zehn Häuser um die Gunst des Publikums, zunächst ausschließlich im Karneval, der in Venedig am 26. Dezember, dem Stephanstag, begann, später auch zu Zeiten der Herbstmesse. Als „bürgerliche" Opernhäuser dürfen diese Theater dennoch nicht mißverstanden werden. Denn für einen Bürger, selbst für einen wohlhabenden, waren die Eintrittskarten bei weitem zu teuer. Oper blieb auch in Venedig ein Vergnügen für die führenden Oberschichten – die reichen venezianischen Patrizier und den europäischen Hochadel, der sich in Zeiten des Karnevals in Venedig versammelte, um unter der Maske des Incognito all den Vergnügungen nachzugehen, die zu Hause das Protokoll verbot. Seit 1637 gehörte die Oper dazu, und dieses neue Umfeld veränderte ihren künstlerischen Charakter zunehmend. Nicht der fürstliche Festkalender, die Hochzeiten, Staatsbesuche und Namenstage bestimmten nunmehr Zeitpunkt und Sujet einer Oper, sondern die Suche nach dem unterhaltsamsten Stoff, der spektakulärsten Szenerie, den (in jeder Hinsicht) vielversprechendsten Sängerinnen. Die Götter und Halbgötter, mit denen sich die Fürsten so gern verglichen hatten, verschwanden aus der Oper. Neben die ernsten, tragischen Rollen traten komische Personen, und statt eines einzigen großen Handlungsbogens präsentierte sich die Oper immer häufiger als ein Patchwork verschiedener Haupt- und Nebenhandlungen, die durch einen mehr oder weniger losen Handlungsfaden zusammengehalten wurden. Die klassische Einheit von Ort und Zeit wurde ebenfalls endgültig aufgegeben; dafür erweiterten Bären, Meeresungeheuer oder räuberische Adler das Geschehen. Und schließlich trugen auch Verkleidungen und Geschlechtertravestien zu dem allgemeinen Verwirrspiel bei, zu dem sich die Oper in der zweiten Hälfte des Jahrhunderts entwickelte – da liefen Frauen als Männer und Männer als Frauen verkleidet ebenso wie Prinzessinnen im Sklavengewand oder Könige im Astrologenmantel auf der Suche nach ihrem Glück durch die Handlung; nicht selten verlor einer dabei den Verstand und hält sich für einen anderen. Der kommerzielle Druck, der auf den Opernmachern lastete, erforderte ein hohes Maß an Rationalisierung auch im künstlerischen Bereich – so mußten Bühnendekorationen und -maschinen mehrfach verwendbar sein. Im Laufe der Zeit bildete sich auch musikalisch ein fester Kanon von Szenen heraus, die in keiner Oper fehlen durften – wie etwa die Schlafszene, das Lamento, die Wahnsinnsszene, das Streit- oder das Liebesduett. Es waren die Opernhäuser in Venedig, in denen die Verwandlung der Oper von einem einmaligen, exklusiven, höfischen Ereignis zu jener repertoirefähigen, beliebig reproduzierbaren Gattung stattfand, die das europäische Musikleben seither prägen sollte.

Diese Entwicklung der Oper von einem klassischen Drama zu einer bunten Revue läßt sich dabei freilich nicht allein mit dem Wandel von einer höfischen zu einer kommerziellen Gattung begründen – schon deshalb nicht, weil der venezianische Operntypus Eingang in die zahlreichen Hofopern fand, die nördlich der Alpen, etwa in Wien, München oder Braunschweig, nach venezianischem Vorbild begründet wurden. Vielmehr reflektiert sie ein allgemeines Lebensgefühl des 17. Jahrhunderts: die Überzeugung, daß die Welt trügerisch und das, was wir sehen, nur ein Zerrbild dessen ist, was dahinter lauert, daß keine Gewißheit sicher ist und jedes Glück augenblicklich in eine Katastrophe umschlagen kann. Und in Italien, wo es im 17. Jahrhundert neben der Commedia dell'arte, dem Stegreiftheater, kein literarisches Theater gab, wo also die Oper die einzige Form „komponierten" Theaters darstellte, wandte diese sich darüber hinaus dramaturgisch von den Renaissance-Dramen ab und lehnte sich immer stärker an die Poetik des Romans mit seinen sprunghaft wechselnden unerwarteten Ereignissen an.

Paris

Für mehr als ein halbes Jahrhundert blieb die Oper, von wenigen Ausnahmen abgesehen, eine italienische Gattung. Und selbst als andere Nationen begannen, eigene Opernformen zu entwickeln, orientierten sie sich, in einer jeweils anderen Mischung aus Vereinnahmung und Abgrenzung, zunächst an der italienischen Oper. Daß die Oper weiterhin als Mittel für kulturpolitische Ziele eingesetzt werden konnte, macht in besonderer Weise das Beispiel Frankreichs deutlich. Schon früh hatte Kardinal Mazarin, der seit 1642 die Staatsgeschäfte in Frankreich führte, die italienische Oper in Paris zu etablieren versucht. Getreu seiner romfreundlichen Politik verpflichtete er den römischen Komponisten Luigi Rossi. Einmal mehr begann die Operngeschichte auch in Frankreich mit einer Orpheus-Oper; 1647 wurde Rossis Orfeo in Paris uraufgeführt. Doch das Ereignis blieb zunächst ohne Folgen; das französische Publikum stand der Oper, dem gesungenen Drama, eher skeptisch gegenüber. 1660, zur Hochzeit Ludwigs XIV. mit der spanischen Infantin Maria Theresia, holte Mazarin dann den berühmtesten Opernkomponisten aus Venedig. Als Höhepunkt der Feierlichkeiten sollte Cavalli die Oper L'Ercole amante komponieren. Doch auch dieses Ereignis stand unter einem ungünstigen Stern. Zunächst mußte die Aufführung verschoben werden, weil das Theater nicht fertig wurde. Dann starb Mazarin, und als die Oper 1662 endlich in Szene gehen konnte, zeigte sich, daß der junge König gänzlich andere Interessen hatte als sein langjähriger Mentor.

Wie kein zweiter wußte Ludwig XIV. die Kultur für die Politik zu instrumentalisieren und dabei seine persönlichen Liebhabereien zu Haupt- und Staatsaktionen zu erklären. Der begeisterte Tänzer hatte für den Gesang weit weniger übrig als für das Ballett, dem er eine neue, eigenständig französische Form gegeben und dabei gleich mehrere Fliegen mit einer Klappe geschlagen hatte: Indem er nämlich die Volkstänze aus den französischen Regionen zu höfischen Gesellschaftstänzen veredelte – etwa die Bourrée aus der Auvergne oder das Menuett aus dem Poitou –, nahm er, ganz im Sinne des absolutistischen Sonnensystems, den Regionen ihre kulturelle Identität und konzentrierte alles im Zentrum der Macht, in seiner eigenen Person. Ganz nebenbei erteilte er damit auch der italienisch orientierten Kulturpolitik Mazarins eine Absage. Und so verschwand auch Cavallis musikalisches Drama vom tragischen Ende des Herkules in einer Draperie aus Prolog, Epilog und ausgedehnten Balletten am Ende jedes Aktes, die keinen anderen Zweck hatten als den eigentlichen Herkules, nämlich den französischen König zu feiern; unnötig zu erwähnen, daß Ludwig XIV. dabei selbst als Tänzer mitwirkte.

Ludwigs XIV. musikalischer Erfüllungsgehilfe war Jean-Baptiste Lully, Florentiner von Geburt, der diese Draperien komponiert hatte und bald darauf begann, den Bastard aus italienischem Gesang und französischem Tanz zu einem eigenständigen, von Italien gänzlich unabhängigen Operntypus weiterzuentwickeln. Dabei hatte er freilich auch mit einem spezifisch französischen Problem zu kämpfen: Denn in Frankreich, wo es ein Sprechtheater von hohem literarischem Anspruch gab, stellte sich die Frage, warum Menschen singen sollen, wenn sie doch sprechen können, und damit auch die Frage nach der Wahrscheinlichkeit neu. Lully und sein Textdichter Philippe Quinault fanden darauf eine andere Antwort als die Italiener. Hatten diese die Musik als eine Sprache der Leidenschaften, der Affekte und mit Rezitativ und Arie zwei Ebenen des äußeren und des inneren Geschehens definiert, so erweiterte Lully die klassischen Dramensujets mit ihren Konflikten zwischen Menschen um die Ebene des „merveilleux“, des Wunderbaren. Und während sich die Protagonisten in den Opern Lullys in einem gemessenen, der französischen Theaterdeklamation abgelauschten dramatischen Rezitativ äußerten, tummelten sich daneben all jene Fabelwesen und Allegorien, all jene Bewohner des Himmels und der Hölle, für die in den schicksalhaften Verstrickungen der Sprechtragödie kein Platz war. In den „Divertissements“ genannten Aktschlußszenen mit ihren Tänzen und Chören, ihren Arietten und Symphonien fand die Musik nun, als Ausdrucksform des Übernatürlichen, auch in der Oper ihren angestammten Platz. Und ein ausgedehnter Huldigungsprolog sorgte jeweils dafür, daß der Sonnenkönig, was immer auch gespielt wurde, in jeder Oper die Hauptperson war.

Innerhalb eines Jahrhunderts entwickelte sich die Oper, die als exklusive Festveranstaltung für einen kleinen Kreis von Gebildeten begonnen hatte, zu einem europäischen Phänomen. Neue Formen in der jeweiligen Landessprache entstanden in London und Hamburg. Neapel, das als eine Dependance von Venedig begonnen hatte, fand nicht nur sehr bald zu einem individuellen Opernton, sondern bildete bald in seinen Konservatorien ein Gutteil jener Sänger heran, die die Opernbühnen ganz Europas bevölkern sollten. Wien, wo der Kaiser selbst in seinen Mußestunden Opern komponierte, nahm eine Vorbildfunktion für die Residenzen im Reich ein; nach den Entbehrungen der ersten Jahrhunderthälfte ließen es sich nun selbst kleine Fürstentümer etwas kosten, ein mehr oder weniger prächtiges Opernhaus zu besitzen.

Wie läßt sich diese Faszination, die von der Oper ausging, erklären? Warum spielte die Musik im Theater des 17. Jahrhunderts eine so herausgehobene Rolle? Mit dem Repräsentationsbedürfnis, der Lust an der schönen Verschwendung allein ist diese Frage nicht hinreichend beantwortet. Die Gründe liegen tiefer. In der Oper schuf sich eine Gesellschaft künstlerische Ausdrucksformen dessen, was das gesellschaftliche Miteinander in einer zunehmend von zeremoniellen Zwängen, von Affektkontrolle, von verbindlichen Verhaltensregeln geprägten Umwelt ausmachte: die Spannung zwischen kontrolliertem äußerem Habitus und den brodelnden, kaum zu kontrollierenden Leidenschaften darunter. Die Musik, die sich an der Wende vom 16. zum 17. Jahrhundert von einer Kunst der Textdarstellung zu einer Kunst der Menschendarstellung gewandelt hatte, war imstande, diese Spannung zu thematisieren und künstlerisch zu formen – die hervorbrechenden Leidenschaften in wilden Koloraturen oder in dissonanzgetränkten Akkorden, die Affektkontrolle in gerundeten, von Wiederholung und Regelmaß geprägten Arien

Der „roi de soleil" tanzt ein „ballet de la nuit", im Jahr 1653

wie in der italienischen oder von Tänzen wie in der französischen Oper. Die Oper lieferte musikalische Modelle für gesellschaftliche Verhaltensweisen – und kam damit nicht nur dem Bestreben nach fürstlicher Selbstdarstellung entgegen, sondern übernahm, was den Rausch der Gefühlsäußerungen anging, auch eine Stellvertreterfunktion.

Albrecht Kunkel

Formelbuch

4×10^{-4} *rad*

„Fina della controversia“ – Ende der Auseinandersetzung – steht auf der einschlägigen vatikanischen Akte von 1820. Aber erst 1992 fand Papst Johannes Paul II. das Wort vom „beiderseitigen Mißverstehen“, welches auf das Urteil der Inquisition von 1633 gegen den berühmtesten Vertreter des heliozentrischen Weltbildes zurückging.

Anlaß für den epochalen Fall hatten indirekt niederländische Brillenmacher gegeben. Galileo Galilei (1564 bis 1642) war Professor in Padua, als er im Frühjahr 1609 von einer Erfindung erfuhr, die ferne Gegenstände nahe erscheinen ließ. Sogleich bastelte er aus einem Bleirohr sowie einer plankonvexen und einer plankonkaven Linse, was er lateinisch perspicillum (Durchschaugerät) und italienisch occhiale (Augenglas) nannte. Schließlich richtete er von November 1609 an ein dreißigfach vergrößerndes Instrument ins nächtliche Firmament. Damit begann die Ära der Astronomie mittels Teleskops: „Ebenso wie das Antlitz der Erde“, so gewahrte der Forscher, ist der Mond „allenthalben voller gewaltiger Erhebungen, tiefer Höhlungen und Krümmungen“. „Das Wichtigste“, stellte er schließlich fest, seien vier „Wandelsterne“. Es waren die später Io, Europa, Ganymed und Kallisto genannten großen Jupitermonde. Galileis Nacht um Nacht verfertigte Zeichnungen ihrer verschiedenen Konstellationen sind so genau, daß anhand moderner Tabellen das Auflösungsvermögen seines Fernrohrs zu ermitteln war: gut eine Bogenminute oder etwa $4 \cdot 10^{-4}$ *rad*. Mit der Existenz dieser Planeten-Trabanten ließ sich zudem die Auffassung ad absurdum führen, der Erdmond müsse hinter der

Erde zurückbleiben, wenn diese tatsächlich um die Sonne kreisen würde. Bereits am 1. März 1610 hatten die venezianischen Behörden die Druckerlaubnis für das Journal seiner Entdeckungen erteilt, am 8. registrierte es der Verfolger der Gotteslästerungen, und am 13. erschien es unter dem poetisch anmutenden Titel „Sidereus Nuncius". Da Galilei nun die Richtigkeit des kopernikanischen Weltbildes empirisch erhärtet sah, war der Konflikt mit der Orthodoxie vorgezeichnet. Am Ende hob die kirchliche Obrigkeit den Hausarrest nicht einmal auf, als jene Augen den Dienst versagten, die – wie Galileis letzter Schüler und erster Biograph schrieb „in diesem Weltkreise in kurzer Zeit mehr gesehen und observiert hatten als in allen verflossenen Saeculae aller Menschen Augen".

Frankfurter Anthologie

Redaktion: Marcel Reich-Ranicki

Martin Opitz

An die Deutsche Nation

Der blinden Venus Werck/die suesse Gifft zu lieben /
Vnd scho ene Zauberey/in dieses Buch geschrieben/
Nimb erstlich an von mir du werthes Vatterland;
Nimb an der Liebe Sach' / als meiner Liebe Pfand.
Mein Sinn floch vber hoch: ich wolte dir vermelden
Durch Kunst der Poesie den Lauff der grossen Helden/
Die sich vor dieser Zeit den Roemern wiedersetzt/
Vnd in dem stoltzen Blut' jhr scharpffes Schwerd genetzt:
Apollo nahm mich an in seine Gunst vnd Holde /
Vulcanus hatte schon gemacht von gutem Golde
Die Feder meiner Faust: ich war nun gantz bereit
Mit meines Geistes Frucht zu brechen durch die Zeit.
Da kam der Venus Kind/bracht' einen Krantz von Myrten
Vor meine Lorbeerkron' / vnd stieß mich zu den Hirten
In einen gruenen Wald/wieß auff ein schoenes Bildt/
Die edle Nymph' hat mir Gemueth' und Sinn erfüllt.
In jhren Augen hab ich alles dieses funden
Was ich mich in diß Buch zu schreiben vnterwunden:
Das jrrdische Gestirn' hat meinen hohen Geist
In dieses enge Meer der Eitelkeit geweist.
In dieses enge Meer/auff welchem meine Sinnen
Nicht als von Freundligkeit vnd Liebe dencken koennen/
Von Lieb' vnd Freundligkeit: die bittersuesse Pein
Die muste mir an statt der Heldenthaten seyn.
Ich thue/Asterie/nach deinem Wolbehagen/
Vnd will dein hohes Lob biß an die Sternen tragen:
So weit der Deutschen Red' vnd Tugend ist bekandt
Soll auch dein' Ehr' vnd Preiß durchdringen alles Landt.
O hohe werthe Seel' in Weißheit außerkohren /
Zum Spiegel weiblicher vollkommenheit gebohren/
Sey mir mit deiner Gunst vnd trewen Huld bereit;
Komm/komm/vnd laß vns gehn den Weg der Ewigkeit.
Du Deutsche Nation/voll Freyheit/Ehr' und Tugend
Nimb an diß kleine Buch/die Fruechte meiner Jugend/
Biß daß ich hoeher steig' / vnd deiner Thaten Zahl
Werd' vnabla essiglich verkuenden vberall.
Diß Buch ist mein Beginn in Lieb vnd auch das Ende:
Ein nochgelehrter Werck/zu dem ich jetzt mich wende/
Daß soll mehr als diß Buch so viel mal besser seyn/
Je besser Weißheit ist als Venus suesse Pein.

Wulf Segebrecht

Die nationale Bedeutung der Jugendsünden des Martin Opitz

Über: *Martin Opitz, An die Deutsche Nation*

Mit einer poetischen Ansprache an die deutsche Nation eröffnete Martin Opitz 1624 selbstbewußt den Teil seiner gesammelten „Deutschen Poemata“ (er nennt sie „Poetische Wälder“), der seine frühen Liebesgedichte enthält. Der Autor betrachtet diese Verse offenbar nicht als seine „Privatsache“, sondern als eine Angelegenheit von großer öffentlicher Bedeutung. Seine Liebesgedichte gehen die ganze deutsche Nation etwas an. Das will er zeigen. Ein schwieriges Unterfangen! Es erfordert höchste rhetorische Kunstfertigkeit.

Denn einerseits steht natürlich außer Frage, daß die deutsche Nation, die hier durch ihre Geschichte und durch ihre Sprache definiert wird, einen weitaus gewichtigeren Wert repräsentiert als die Liebesgeschichte eines jungen Poeten; andererseits aber verdient und besitzt die Liebe, wenn man liebt, unbedingt Vorrang vor allem anderen. Opitz unternimmt den heiklen Versuch, zwischen diesen einander scheinbar ausschließenden Prioritäten zu vermitteln: Er will der deutschen Nation geben, was ihr gebührt, zugleich aber will er auch den Forderungen der Liebe den ihr zukommenden Platz einräumen. Diese Unvereinbarkeit aufzuheben ist das argumentative Ziel des Gedichts.

Opitz verfolgt dieses Ziel auf folgende Weise: Er sei drauf und dran gewesen, so erzählt er, zum lobpreisenden Geschichtsschreiber der Helden seines Vaterlands zu werden; die besten Absichten und die günstigsten Bedingungen hätten vorgelegen, sogar an der Unterstützung durch die für Schönheit und das leidenschaftliche Feuer zuständigen Götter Apoll und Vulcanus habe es nicht gefehlt – da sei ihm der kleine Amor dazwischengekommen und habe seine hochfliegenden Pläne durchkreuzt. Die „bittersüße Pein" der Liebeserfahrung mit Asterie, wie Opitz sich petrarkistisch ausdrückt, habe entschieden den Vorrang vor weiter reichenden Projekten verlangt und ihn zur sehr irdischen schäferlichen Liebesdichtung verführt.

Doch was sich zunächst fast wie ein Betriebsunfall anhört, das erweist sich in der Praxis als unabdingbare Voraussetzung für den Dichter, der auf dem Wege ist, ein deutscher Nationalschriftsteller zu werden. Denn er übt, während er Liebesgedichte für Asterie schreibt, exakt die rhetorischen Kunstgriffe ein, die er benötigt, um einst Gedichte für die deutsche Nation zu schreiben. Er lernt, indem er in den „Spiegel weiblicher vollkommenheit" blickt, wie Schönheit, Vorbildlichkeit, Ehre und Tugend – Eigenschaften der Asterie, aber auch der deutschen Nation – so hoch gelobt und gepriesen werden können, daß man sie überall wahrnimmt und bewundert. Er lernt schließlich, begleitet von der „Gunst" und „Huld" seiner geliebten Asterie, die er bedichtet, wie es anzustellen ist, die „Eitelkeit" (also die Vergänglichkeit) der Welt in die „Ewigkeit" der Poesie umzuwandeln – und das ist eigentlich die Hauptsache.

Die jugendliche Liebe stattet den Autor mit der notwendigen Erfahrung und mit den geeigneten Fähigkeiten und Fertigkeiten aus, die erforderlich sind, um ihn zum Dichter der deutschen Nation werden zu lassen. Deshalb sind die Liebesgedichte Opitz', die „Früchte meiner Jugend", nicht nur legitim, sondern geradezu unentbehrlich. Sie sind die Basis seines späteren Werkes, als dessen Etüden, aber auch als dessen prinzipielle Voraussetzungen. Sie sind in diesem Sinne, wie Opitz sagt, „Beginn in Lieb und auch das Ende".

Ohne die Liebesgedichte seiner frühen Jugend fehlte seiner Zuwendung zur deutschen Nation die Grundlage. Drum sei Asterie auch bedankt: Sie hat sie ihm abverlangt.

1624, im gleichen Jahr, in dem dieses Gedicht zuerst erscheint, hat Opitz sein „Buch von der deutschen Poeterey" veröffentlicht, jene berühmte Programmschrift, mit der er nachweisen wollte und nachgewiesen hat, daß die deutsche Sprache zur Poesie ebenso geeignet ist wie die antiken und zeitgenössischen Literatursprachen. Dieses vergleichsweise „noch gelehrter Werck" enthielt die Regeln, seine „Deutschen Poemata" enthielten die Beispiele seiner Poetik, die im Wesentlichen über das gesamte Barockzeitalter hinweg bis hin zu Gottsched gültig geblieben ist, so daß Opitz noch heute als „Vater der deutschen Poesie" gilt.

Martin Opitz: Gedichte. Eine Auswahl. Herausgegeben von Jan-Dirk Müller. Verlag Philipp Reclam jun., Stuttgart 1970.

Gerrit Walther

Lob der Strenge

Das Testament des Kardinals Richelieu

Wie alle Autokraten schätzte er Teamarbeit. Nur deshalb hatte der von tausend Krankheiten geplagte Kardinal seit 1630 quasi allein die Geschicke Frankreichs lenken, seine Gegner einen nach dem anderen ausschalten, die Neuordnung der Monarchie planen und gegen alle Widerstände erzwingen können, weil er über ein stetig wachsendes Netz von Helfern verfügte: über Freunde, Klienten und Korrespondenten, die ihm aus allen Provinzen, Städten und Ständen des Landes Informationen zuspielten, offiziell oder diskret für ihn agierten, und über einen Stab von Sekretären, die für ihn Briefe, Berichte und Akten lasen, die Korrespondenz führten, Artikel und Pamphlete schrieben. Wer alles selbst machen wolle, erklärt er in seinem Testament, verpasse nur die wirklich wichtigen Gelegenheiten. Nicht die geringste Tugend einer Führungspersönlichkeit sei es, sich bedienen lassen zu können.

Auch seinen großen Rechenschaftsbericht an König und Nachwelt schrieb Richelieu nicht selbst. Er diktierte nur die Ideen, die große Linie, ließ dann seine Spezialisten wirken und gab dem, was sie mit Hilfe von Akten und Archivdokumenten erarbeitet hatten, später nur mehr den letzten Schliff. Eine umfassende, offizielle Geschichte seiner Regierung sollte es werden, von seiner Berufung in den Rat Ludwigs XIII. im Jahr 1624 bis zu seinem Lebensende (das notgedrungen andere würden schildern müssen – doch der Kardinal plante prinzipiell über seinen Tod hinaus). Ausführlich wollte er darlegen, wie er seine vier großen Ziele verfolgt und erreicht hatte: die protestantische Partei zu zerschlagen, den Einfluß des Adels auf die Krone zu mindern, alle Untertanen zur Erfüllung ihrer Pflichten zu zwingen, dem Namen des Königs den Glanz zurückzugeben.

Hinter diesen Erfolgen aber blieb deren Erzählung zurück. Als der Kardinal am 14. Dezember 1642 im Alter von 57 Jahren starb, bestanden seine Memoiren aus unredigierten Fragmenten (deren moderne Ausgabe zehn Bände füllt). Zu den wenigen geformten Stücken gehörte ein dem König gewidmetes Vorab-Resümee, das er „Mon testament politique“ hatte nennen wollen. Es besteht aus einer Übersicht über die französische Politik der letzten siebzehn Jahre, Gedanken zur Reform des Klerus, des Adels, der Justiz und der Verwaltung, persönlichen Ratschlägen für den Monarchen – denen etwa, seine Ungeduld, Unentschlossenheit und Mißlaunigkeit zu überwinden –, einer Abhandlung über die Eigenschaften des idealen Ministers (einem Selbstporträt des Verfassers) und neun Grundregeln der Regierungskunst.

Was von Richelieu selbst, was von seinen Mitarbeitern stammt, darüber streitet man seit Voltaire. Erst 1985 fällte Roland Mousnier, der Doyen der französischen Absolutismus-Forschung, das salomonische Urteil: Selbst wenn alles von Sekretären verfaßt sein sollte, bliebe der Text ein herausragendes Zeugnis der zeitgenössischen Eliten-Mentalität. Ranke hingegen war enttäuscht: „Man sollte vertrauliche, geheime, die großen europäischen Geschäfte betreffende Ratschläge erwarten“, hatte er 1861 notiert. Doch was man lese, seien Verwaltungsdinge, „welche mehr einem Rechtsgelehrten oder Staatsbeamten, als einem ersten Minister anzugehören scheinen“. Das ist nicht ganz gerecht. Immer wieder funkelt der Text von Aperçus, die des Gründers der Académie Française würdig sind. So etwa die Diagnose: „Un des plus grands maux de ce royaume consiste en ce que chacun s'attache plus aux choses auxquelles il ne peut s'occuper sans faute qu'à ce qu'il ne peut omettre sans crime." Hätte ein La Rochefoucauld es eleganter sagen können?

So viel aber stimmt: Verglichen mit den Gipfelwerken frühneuzeitlicher Staatstheorie, mit dem virtuosen Zynismus eines Machiavelli, dem argumentativen Bombardement eines Jean Bodin, den raffinierten Klassiker-Montagen eines Justus Lipsius, dem magischen Realismus eines Thomas Hobbes, wirken die Ausführungen des Kardinals kunstlos. Doch ebendies ist sein Stolz. Absichtlich, sagt er im Vorwort, habe er auf die Langatmigkeiten verzichtet, ohne die die meisten Menschen sprachlos seien. Auch seine Lehrsätze habe er auf die neun notwendigsten beschränkt. Je weniger Prinzipien, desto vorzüglicher und verständlicher eine Wissenschaft. Zitate habe er gemieden. Wozu mit Autoritäten beweisen, was jedem, der seine Vernunft gebrauche, einleuchte? Dem Mann der Macht also verrät der Jargon der Politologen nichts als ihren Mangel an praktischer Erfahrung. Zugleich spricht hier der Zeit- und Standesgenosse des Descartes: jenes Edelmannes, der seine neue Ordnung der Dinge aus einem einzigen Vernunftprinzip zu deduzieren wagt und es verschmäht, hinter Zitaten aus Kirchenvätern Schutz vor der Empörung zu suchen, die die Schärfe seiner „Raison" bei Schulmännern erregen muß.

Kein Wort taucht in Richelieus Testament häufiger auf als „Raison". Dem Cartesius der Realpolitik aber geht es nicht um klare Begriffe, sondern um klare Kompetenzen. Deshalb ignoriert er die hochdifferenzierten Diskurse, die seit Machiavellis „Principe" (1532) in Europa um die „Ragion di stato" geführt wurden, und verwendet das Modewort in seinem eigenen Sinn: als Synonym für jene absolute Autorität des Königs, für die er gekämpft hat.

Richelieus politischer Albtraum ist das Frankreich, das er 1624 beim Eintritt in den Kronrat vorfand: ein Land, dessen

König inmitten der Kämpfe verfeindeter Glaubens-, Adels- und Hofparteien, konkurrierender Interessenverbände und militanter Minderheiten zu einer bloßen Partei herabgesunken war. Niemand hatte von diesem „dérèglement" profitiert, das 1560 mit den Religionskriegen begonnen und während der sechzehn Jahre unter Heinrich IV. in vielem angedauert hatte, als der König von Spanien und der Kaiser, italienische Bankiers, britische und holländische Handelshäuser und lokale Feudalherren. In deren Kassen, nicht in die des Königs, waren die Einkünfte der Krone geflossen. Nicht von Paris, sondern von Madrid, Wien, Rom und Brüssel aus war die Monarchie regiert worden.

Aus diesen fatalen Verflechtungen hatte Richelieu – ein schlechter Europäer, aber ein guter Rechner – sein Land gelöst. Die Entwaffnung der mit England verbündeten Hugenotten bis 1628 hatte dazu ebenso beigetragen wie die Entmachtung der Führer der spanientreuen Hofpartei (also der Mutter und des Bruders des Königs), die Schauprozesse gegen ihre adligen Gefolgsleute und die Allianzen, die der Kardinal – zur Empörung des katholischen Europa – mit den lutherischen Schweden und den reformierten Niederlanden gegen Spanien und den Kaiser geschlossen hatte. Daneben hatte er jene langfristigen Projekte begonnen, deren Fortsetzung er dem König nun dringend ans Herz legt: die Fortifikation der Landesgrenzen, den Aufbau einer schlagkräftigen Armee und einer starken Flotte, die Belebung des Handels und die Erhöhung der Staatseinkünfte durch eine kluge Finanz- und Fiskalpolitik.

Diese Politik der Stärke aber, so weiß Richelieu, wird sein Herr nur durchhalten können, wenn es ihm gelingt – und er überhaupt bereit ist –, die Einsprache jener mächtigen Interessengruppen zu unterbinden, die sich durch den neuen Kurs geschädigt fühlen. Deshalb macht er gleich die erste seiner Maximen zu einem Monument politischer Theologie:

Ein zerebrales Muskeltier:
Charlton Heston als Kardinal Richelieu
in dem Film „Die drei Musketiere"

Die „Raison" wolle, sagt er, daß die königliche Regierung dem gleichen Prinzip folge wie die Gottes, des Allmächtigen. Die Metapher stammt von Aristoteles, ihr moderner Akzent aber aus der Souveränitäts-Lehre des Jean Bodin. Nicht mehr nur der Mächtigste unter den Großen seines Reichs soll der Monarch sein, sondern eine Autorität von prinzipiell anderer, höherer Art. Als „principal mouvement" ist er die Feder, die das Uhrwerk des Staates treibt – ganz nach den Gesetzen der „Raison", nichts achtend als das öffentliche Interesse („les intérêts publics") und dessen Zukunft. Richelieu meint das ganz buchstäblich. Er verlangt, daß der Monarch alle persönlichen Interessen ablegt, sich subjektive Neigungen und Vorurteile, Begünstigungen und Parteilichkeiten versagt und seine Gemütsäußerungen kontrolliert. Absolute Macht ist nicht absolute Freiheit, sondern absolute Selbstdisziplin. Hatte die Tradition die zwei Körper des Königs unterschieden – das (fehlbare) Individuum und die (objektive) Institution –, so verschmilzt Richelieus „Raison“ beide zu einem einzigen und transzendiert diesen zum Symbol gottgleicher Gewalt.

Daß hier dennoch kein Utopist spricht, sondern ein Pragmatiker, beweist der Hohn, mit dem Richelieu die Lieblingsidee seiner humanistischen Vorgänger bedenkt: daß es die edelste Aufgabe des Fürsten sei, gute Gesetze zu schaffen. Nichts davon! Je mehr neue Gesetze eine Regierung erläßt, desto schwächer ist sie. Allein entscheidend ist die Bürokratie, die sie umsetzt. Dafür fähige Männer zu finden, zeigt den Rang eines Herrschers. Denn natürlich müssen möglichst alle Beamten ebenso unerschütterlich auf die Vernunft eingeschworen sein wie er selbst – fast noch stärker, weil sie noch Neid, Haß und die Verleumdungen ertragen müssen, von denen ein Erbfürst verschont bleibt. Am besten, so der Kardinal, solle der König Geistliche als Berater wählen – nicht, weil ihre Frömmigkeit den göttlichen Beistand sichert, sondern weil sie weniger bestechlich seien als Leute, die Familien zu versorgen haben. Nur Jesuiten müsse er meiden, weil diesen der Papst höchste Autorität sei.

Richelieu hält nicht viel von Menschen. Schwach, kurzsichtig, im sinnlichen Augenblick und für kleinliche Privatinteressen lebend, sind die meisten von ihnen unfähig, die Gebote der Vernunft zu erkennen. Kann Bildung helfen? Im Gegenteil! Bei der Beschränktheit der meisten Köpfe würde sie zu nichts führen als zu Dünkel, Rechthaberei und Ungehorsam. Gebe es doch nicht einmal genug fähige Kräfte, auch nur die Lehrstühle der hohen Schulen adäquat zu besetzen. Daraus entstehe ja jene bekannte Misere: daß mittelmäßige Dozenten dort wahllos unnützes Zeug vor überforderten Studenten ausbreiten, von denen die meisten nur des bequemen Lebens halber studieren. Nein, nicht Gelehrte, sondern gute Techniker brauche der Staat.

So hilft nur Strenge. Es charakterisiert das „Politische Testament", daß es die Aufgabe der Regierung weniger in der Stiftung des Guten als in der Abwehr des Schlechten sieht, in Überwachen und Strafen. Der König und seine Räte, sagt Richelieu, müssen „schlafen wie ein Löwe, ohne die Augen zu schließen", um all die zahllosen Mißbräuche zu bemerken und abzustellen.

Adel und Geistliche müssen an ihre Pflichten erinnert, die Gerichte daran gehindert werden, sich durch tendenziöse Urteile und öffentlich vorgetragene Bedenken politische Autorität anzumaßen. Die gigantischen Gewinne der Inhaber privatisierter Staatsämter, besonders der Steuerpächter und der notorisch unredlichen Heereslieferanten, müssen beschnitten, die Untertanen zur Arbeit angehalten werden. Milde, Freundlichkeit, Appelle an die Einsicht helfen nichts. Sie werden entweder ignoriert oder als Schwäche ausgelegt. Strafen wecken Furcht und prägen sich den Sinnen ein, die bei den meisten Menschen viel stärker ausgeprägt sind als die Vernunft.

Besonders gilt dieser Satz gegen die, die die Regierung aktiv daran hindern wollen, die „Räson" zu realisieren. Wer dies tut – und sei es nur dadurch, daß er die Minister heimlich beim Monarchen schlecht zu machen sucht –, darf keine Gnade finden. Wo immer der König auch nur das kleinste Anzeichen eines solchen Anschlags, gar eines Komplotts bemerke, müsse er, so mahnt Richelieu, zu den härtesten Gegenmaßnahmen greifen – notfalls ohne Beweis, denn der Beweis für Hochverrat könne nur der gelungene Sturz der Regierung sein. „Man kann kein größeres Verbrechen gegen die öffentlichen Interessen begehen als nachsichtig gegen die zu sein, die sie verletzen." Das hätte, hundertfünfzig Jahre später, auch Robespierre sagen können. Nur möchte

Richelieu die selbstdefinierte, zur Staatsgesinnung erhobene Vernunft vorerst einer kleinen Elite reservieren.

„Einsam mit seiner Staatsidee, die er völlig mit seiner Person identifiziert, steht er gegenüber einer Welt von Egoismus. Er gewinnt keine Herzen, sondern unterwirft ausschließlich die Menschen mit Gewalt.“ So hat das neunzehnte Jahrhundert den eisernen Kardinal gesehen (hier Jacob Burckhardt, dessen Neffe die einzige deutschsprachige Richelieu-Biographie von Rang verfassen sollte). Umso erstaunlicher also, daß das „Politische Testament“ trotz seiner Härte, seinem Zynismus, seiner schroffen Absage an libertäre Ideale kein Geheimdossier sein sollte, sondern ein Instrument jener modernen Öffentlichkeitsarbeit, deren Miterfinder und Meister Richelieu gewesen ist. Offenbar also durfte er darauf rechnen, daß die überwiegende Mehrheit seiner Zeitgenossen seine Vision eines starken Staates begrüßen werde, weil nur er ihren eigenen, dringenden Wunsch nach Stabilität und Sicherheit vor Ausbeutung, Adelswillkür und Anarchie erfüllen konnte. Der Absolutismus hatte nicht nur Helfer. Er hatte eine Basis.

Seit 1995 liegt das „Testament politique“ in einer modernen, textkritischen Edition vor. Besser eignet sich zur Einführung gleichwohl die alte, vorbildlich kommentierte Ausgabe von Louis André. Daniel Desserts Taschenbuch-Text hingegen umfaßt nur den zweiten Teil des Werkes. Wer es auf Deutsch lesen möchte, ist mit Frieda Schmidts Übersetzung gut beraten. Allerdings stammt sie von 1926.

„Testament politique de Richelieu“. Édité par Françoise Hildesheimer. Honoré Champion, Paris 1995. 387 S.

„Testament politique ou Les Maximes d'État de Monsieur le Cardinal de Richelieu“. Présentation de Daniel Dessert. Historiques-Politiques, Band 63. Éditions Complexe, Brüssel 1990. 148 S.

Cardinal de Richelieu: „Testament Politique“. Édition critique publiée avec une introduction et des notes par Louis André et une préface de Léon Noël. Robert Laffont, Paris 1947. 524 S.

Richelieu: „Politisches Testament und Kleinere Schriften". Eingeleitet und ausgewählt von Wilhelm Mommsen. Aus dem Französischen von Frieda Schmidt. Klassiker der Politik, Band 14. Verlag Reimar Hobbing, Berlin 1926. 295 S.

Thomas Wirtz

Der wüste Elefant

Endspiele des Daniel Casper von Lohenstein

Über einer der berühmtesten Regieanweisungen der deutschen Dramenliteratur hängt eine Wolke von Verwesungsgeruch: „Der Schauplatz lieget voll Leichen-Bilder/Cronen/Zepter/Schwerdter etc. Vber dem Schau-Platz öffnet sich der Himmel/vnter dem Schau-Platz die Helle." Dieser vertikal verstrebte Ort aus Andreas Gryphius' „Catharina von Georgien", ruhig gestellt nur durch seine Zerrissenheit zwischen Himmel und Hölle, hat das Bild vom Barock geprägt – Endspiele auf dem Theater, phlegmatische Totenfeiern, ein monarchistisches „Kopf ab zum Gebet". In diese Requisiten hinein tritt die Ewigkeit und drängt zu einer Wahl, die keine ist. Wo schon Krone und Zepter von einer höheren Macht mit Füßen getreten werden, darf sich der kleine Theatergast keine Hoffnung auf Rettung machen. Am unfrohen Ende der Könige muß er vorwegnehmen, was auf ihn allemal wartet. Jedes Drama eine Leichenrede: Wer da beizeiten nicht seinen Frieden mit dem Himmel macht, hat den Verstand schon vor seinem Kopf verloren. Gryphius' Bühnenbild hat lange Zeit den Blick auf dramatische Nebenschauplätze verstellt. Im blinden Fleck saß vor allem ein Mann, der am selben Ort zur selben Zeit wie Gryphius wirkte und doch aus einer anderen Theaterwelt zu kommen schien. Der spätere „Herr Daniel Casper von Lohenstein/Erb-Herr auff Kittlau/Reise und Roschwitz/ der Röm. Käyserl. Mayst. Rath und der Königl. Stadt Breßlau Ober-Syndicus" schickte 1653 seinen Erstling „Ibrahim Bassa" auf die Schaubühne, als Gryphius noch ein Schaffensjahrzehnt vor sich hatte. Wo dessen Märtyrer sich eher das Leben als die Unschuld rauben lassen, brilliert Lohenstein mit zweifelhaften „Sexualgiganten“, deren „Geschlechtshunger“ an keinem jungfräulichen Appetithappen vorbeilaufen kann. Von der Transzendenz zur Potenz? Offensichtlich ist der barocke Weg in die Glückseligkeit verworrener, als es der Ewigkeit lieb sein kann.

Gryphius hatte einen groben Keil zwischen die Charaktere getrieben. Auf der abschüssigen Bühnenrampe in den Tod blieb für die Figur nur die Frage offen, ob sie lieber selbst meuchelmörderisch das Messer schwingen oder demütig in es hineinlaufen sollte. Der Tyrann hatte sich für die Verworfenheit entschieden. Ohrenbläser flüsterten ihm Machtgelüste ein, Intriganten liehen ihm ihr instrumentelles Geschick. Am Ende holten ihn die Furien des schlechten Gewissens ein. In seinen Albträumen fühlte er schon das Fegefeuer auf der Brandsohle. Dagegen gab Gryphius' Märtyrer das willige Opfer, weil das kurze Verweilen auf der Folterbank ihm einen himmlischen Sitzplatz eintrug. Die Leidensschreie unter dem Messer waren auch solche der ungeduldigen Vorfreude auf den Himmel. Und der Schlußakt enttäuschte mit seiner strengen Gerechtigkeitsmechanik nicht. Die Angst des Tyrannen spiegelte sich in der mitleidlosen Seligkeit seiner Opfer. Deren sichere Krönung im Jenseits war dem diesseitigen Zuschauer Trost genug. Gern ließ er sich auch außerhalb des Theaters auf die lange Folterbank spannen, war nur dem göttlichen Richter seine Beständigkeit nicht entgangen. Die Nachahmung des Standhaften erlaubte keinen unaufmerksamen Gott.

Lohenstein scheint sich dieser todversessenen Lebenswelt anzunähern, weil auch er den Hof als Spielstätte wählt: „Kein Leben aber stellt mehr Spiel und Schauplatz dar/ Als derer/die den Hof fürs Element erkohren.“ Nirgendwo läßt sich der Zeitraum zwischen Aufstieg und tiefem Fall auf den Richtklotz enger zusammendrängen. Während aber Gryphius vom Ende der Karriereleiter leicht auf die Himmelssprosse überspringt, gibt es für den lohensteinschen Helden kein Leben jenseits der weltlichen Herrschaft: Kopflos ist er auch mundtot. Damit hat sich das Spiel um Seligkeit zur Politik verschoben. Diese Dramen haben keinen Platz für Märtyrer, weil die Opferwilligkeit ohne jeden Ausgleich nur Dummheit ist. Wer nur das eine Leben hat, legt auf seine Erhaltung größeren Wert. Die Selbstverschwendungssucht des Märtyrers beschneidet Lohenstein zur Machtaskese: Die hiesige Welt ist schlecht, aber sie muß keine Konkurrenz fürchten.

Schon vor Napoleon dämmert die Einsicht über die Bühnenlandschaft, daß die Politik das Schicksal ist. Lohenstein hat sich mit seiner Biographie darauf einzustellen versucht: Im Jahre 1635 mitten in die Wirren des Bürgerkrieges hineingeboren, bildete er sich früh zum homo politicus aus. Auf dem Breslauer Magdalenengymnasium lernt er die Rhetorik so virtuos zu beherrschen, daß seine Schulreden kaum eines Themas für den Erfolg benötigen. Bei Professor Carpzov, dem 20 000 Todesurteile nachgesagt werden, studierte er in Leipzig die Rechte. Als Hofmeister macht er die obligatorische Kavalierstour, die nicht nur durch die kulturell führenden Länder wie Italien oder Holland geht, sondern auch Ungarn und die Türkengrenze berührt. In Breslau läßt er sich als Anwalt nieder, vertritt die protestantische Stadt in heikler Mission im katholischen Wien und wird vom Rat wie Kaiser gleichermaßen geehrt. Politischer Sachverstand ist bei Lohenstein, trotz des umfangreichen Anmerkungsapparats seiner Dramen, keine angelesene Leistung. Der Übersetzer von Gracians „Handorakel", diesem Rettungsbüchlein bei politischer Schlechtwetterlage, studiert die Klugheit in der Praxis.

Was die Zuschauer an Lohensteins Dramen entsetzte und schließlich aus dem Parkett trieb, war der Extremismus der ausgestellten Affekte. In einer Zeit, als die Psychologie noch nicht erfunden war und freilaufende Leidenschaften um den Menschen stritten, trieb Lohenstein sie zur Parforcejagd an. Von Liebe zu Haß bedurfte es nur einer kurzen Wechselrede, Kindermord fiel leichter als der Schluck Wasser aus dem Glas, und auch der Inzest belastete dort nicht, wo kein Gewissen war. Wo Gryphius' Helden die Affektlautsärke herabdrehten und den ruhigen Ton der Beständigkeit anschlugen, gellten Lohensteins Lustberserker mit spitzem Schrei. Schon der Schüler hatte 1650 eine Lobrede auf den Elefanten gehalten, diesen Fleisch gewordenen Widerspruch gegen das mittlere Maß. Und seine Figuren wurden Affektelefanten, bis zum Taumel durch die Bühnenmanege gepeitscht von ihren Begierden. Denn auch der Haß versah das „nöthig Ampt", die Wahrnehmung hellwach und das Handeln durchschlagskräftig zu halten. Die Unempfindlichkeit des Märtyrers kehrte diese Manischen in eine Feinfühligkeit um, als seien auch sie schon zu Lebzeiten geschunden und schutzlos gegen jede Wortberührung. So zuckten sie vor jeder Widerrede zurück und flüchteten sich in emblematische Bilder, deren Wahrheit auf den Moment beschränkt blieb.

Gott hat sich aus dem dramatischen Spiel zurückgezogen und in der Geschichte verborgen. Bei Lohenstein zieht er nicht mehr die Fäden, sondern dreht die Stricke um den Figurenhals. Denn die Politiker, überanstrengt an ihrem Hof klebend, bleiben unaufmerksam gegen das Geschichtsganze. Gebückt gehen sie über Leichen, ohne die Walze der Welthistorie auf sich zurollen zu sehen, die ihr Reich unter sich begraben wird. „Verhängnüß“: Dies ist der Vollstrecker des göttlichen Plans, den nur ein dramatischer Weltgeschichtsschreiber wahrnimmt. Lohensteins ägyptische Trauerspiele zeigen ein Imperium im Moment seiner Niederlage, die römischen das Kränkeln seines Nachfolgers, die türkischen den kommenden Feind. 1683, im Jahr von Lohensteins Tod, stehen die Türken vor den Toren Wiens. Mit einem Sieg des Habsburgers läßt sich das Verhängnis an der Donau nieder. Sein Aufbruch von dort wird ein neues Trauerspiel hervorbringen.

Daniel Casper von Lohenstein: „Sämtliche Trauerspiele“. Drei Bände. Historisch-kritische Gesamtausgabe von Klaus G. Just. Anton Hiersemann Verlag, Stuttgart 1953–57. Zusammen 1085 S.

EDUARD BEAUCAMP

Meister souveräner Dienstbarkeit

Der Aufstieg der barocken Malerei zur Weltmacht

Die Geschichte der Kunst ist ein Spiegelkabinett. Wir suchen, während wir die exakte Rekonstruktion der Wissenschaft überlassen, nach Fingerzeigen, Parallelen, Verwandtschaften, Bestätigungen, Inspirationen. Die Spiegel wechseln nach Interesse, Bedürfnis und Lebensgefühl der jeweiligen Gegenwart. Das bürgerliche Publikum des letzten Jahrhunderts erkannte sich wieder im vermeintlichen Realismus der Holländer oder in den städtischen Kulturen der frühen Neuzeit. Die selbstherrliche Gründerzeit kokettierte besonders gerne mit einer hochgestimmten, feudalen Renaissance und wollte sie noch einmal heraufführen. Die Moderne entlarvte die historistischen Träume als Lebenslügen und wollte alle Facetten der Selbstbespiegelung zerschlagen. Aber auch das zwanzigste Jahrhundert kam nicht mit sich allein aus. Nicht ohne Projektionen, Analogien und gleichsam fossile Energien. Ästhetisch entdeckt und ausgebeutet wurden nun die angeblich unverstellten, frühen Epochen. Noch nach 1945 suchte man, verkrampft, ein Reinigungs- und Erneuerungsbad in „unschuldigen" Geschichtsregionen von der Höhlenmalerei über die Kykladenkultur und die griechische Archaik bis zum frühen Mittelalter oder zu einer „reinen", präraffaelischen Malerei.

Zu den verabscheuten und gemiedenen Provinzen gehörte in diesem Jahrhundert der Barock. Nur extravagante Provokateure wie Dalí, fasziniert von der halluzinatorische Übergenauigkeit Vermeers wie von den erotischen („eßbaren") Wucherungen des Hochbarock oder den Hysterien seiner frommen Schauspieler, pflegten anrüchige Götzendienste. Ausgenommen vom modernen Bann waren einige Erhabene, die zu Repräsentanten des Absoluten stilisiert wurden: Caravaggio und Velázquez, Rubens, Rembrandt oder Vermeer. Sie ragten einsam aus dem verachteten Geschichtsschlamm heraus. Der Haß richtete sich gegen beide Seiten des Barock – gegen den protestantisch-calvinistischen „Realismus" der Holländer wie vor allem gegen die pathetische Propaganda-Malerei der Gegenreformation und die Hofkunst des römischen Barock. Als Hans Sedlmayr nach 1945 mit der Diagnose „Verlust der Mitte" einen heilen Barock gegen eine gottlose Moderne zu Hilfe rief, kam es zum Aufschrei.

Der Gegensatz der Bildsprachen

Man durfte den Barock lange nur mit halb geöffneten Augen betrachten. Erst dann nämlich verschwammen die dramatischen Spektakel zur dynamischen malerischen Masse, in der sich noch die abstrakten Expressionisten wieder erkannten. So feierte der Zeitgeist in den fünfziger Jahren den pastos malenden Rembrandt als Propheten tachistischer Malerei. Seit den sechziger Jahren aber sind wir in eine neue Geschichtskonstellation zum Barock getreten. Seine Protagonisten, vor vierhundert Jahren geboren, ziehen in ununterbrochenen Erinnerungs- und Ausstellungsparaden vorbei und bieten sich zur Neubewertung an. Die Revisionen begannen mit Caravaggio (1971) und Rubens (1977), führten über Reni, Vouet, Guercino, Jordaens, Poussin, de la Tour, Pietro da Cortona und viele andere zu van Dyck und Velazquez in diesem Jahr und werden noch einmal mit Rembrandt (2006) und Vermeer (2032) ausklingen. Ein leuchtender Kontinent tauchte auf, dicht bevölkert mit oft kaum geläufigen Figuren und Werken, die man in den Museen übersehen hatte.

Noch näher rückte die fremde, abstruse Ferne durch Forschungen zur Auftragssituation, zur Dienstbarkeit oder Unabhängigkeit der Künstler, zum Streit der Konfessionen und zu den Glaubenskriegen, die ja auch mit den Mitteln einer agitierenden und mobilisierenden Kunst geführt wurden. Konfliktfelder eröffneten sich, die uns aus dem eigenen Jahrhundert nicht unbekannt sind. Lehrreich, auch für die Moderne, ist die Ergründung der künstlerischen Individuationen, der Selbsterfindung und Selbstbehauptung, der Anpassung und Rollenentwicklung der Künstler. Die Verwicklungen und Widersprüche lassen wenig übrig vom heilen Barock, seiner prästabilierten Harmonie und der unbedingten Gott- und Obrigkeitsergebenheit seiner Künstler. An die Stelle einer monolithischen Kultur trat eine Fülle kontroverser Verhaltensmodelle.

Zur gleichen Zeit, als sich das Barockinteresse belebte, hatte sich eine kritische Selbstreflexion der fortgeschrittenen Moderne angebahnt. Als Spiegel führt der Barock eine umfassende Funktionalisierung der Kunst vor Augen – Präludium für ihre Benutzung in den modernen Diktaturen. Doch das Selbstbewusstsein der Pioniere war so hoch entwickelt, die Erinnerung an die Autonomie und „Gottähnlichkeit" der Renaissance-Künstler so stark, daß sie auf Differenzen bestehen und auf verschlungenen Wegen ihre Rechte und Freiheiten suchen. Der Barock ist das Produkt eines Arrangements nach der Spaltung. Er konfrontiert in einer antagonistischen religiösen und gesellschaftlichen Welt – man denke an die Gräben zwischen den Verfassungen des protestantischen Holland und der katholischen Länder – zum ersten Mal mit einem kontroversen Pluralismus der Bildsprachen.

Im siebzehnten Jahrhundert erreichte die abendländische Malerei ihren Zenit. Nach manchen Turbulenzen und Kollisionen geriet sie in ruhigeres Fahrwasser und entfaltete sich im Einklang mit den Auftraggebern. Sie wird zum zentralen Teil der religiösen, mythologischen und höfischen Selbstinszenierung der Epoche. Sie besetzt die Architektur, durchdringt und überflutet die Räume und erobert Wände, Gewölbe und Kuppeln. Sie ist das zentrale Medium der gegenreformatorischen Verkündigung und Offenbarung, der höfischen Repräsentation und der Verherrlichung absolutistischer Macht. Gleichzeitig dient sie der ästhetischen Selbstfindung, dem Entwurf und der Entwicklung sensualistischer moderner Weltbilder. Kirche und weltliche Macht versuchen, die Kunst in den Griff zu bekommen, sie durch Vorschriften und Regeln zu programmieren, ja ihre agitatorische Wirkung durch eine mechanistische Lehre von den Affekten sicherzustellen. Die frühbarocken Künstler stellten diesen Versuchen vehemente Subjektivität entgegen. Der souveräne Status der Renaissance-Künstler war verloren. Der Manierismus, der tief bis in den Barock nachwirkt, war eine Haltung des Zweifels, der Abweichung und des geheimen Protests gewesen. Die Verordnungen des Tridentinischen Konzils, die Gerichte und Überwachungsmaßnahmen der Inquisition – Vorformen moderner Kontrollapparate und Zensurpraktiken – verschärften das Dilemma. Der Druck erzeugt Verkrampfungen, ekstatische Übertreibungen und Hysterien. Man hat es schon mit Fällen psychopathologischer Kunst zu tun.

In Bologna, dem Zentrum der barocken Erneuerungsbewegung im späten sechzehnten Jahrhundert, starteten Reformmaler wie die Carracci als Rebellen. Sie stiegen später zu Repräsentanten einer wieder triumphierenden Kirche auf. Man vergißt über dieser Etablierung und akademischen Kanonisierung den ursprünglich avantgardistischen, ja dissidentischen Elan. Bologna war anfangs ein gefährliches, ja heißes Pflaster. Hier waren Maler wegen ketzerischer Bildverstöße – das Verdikt betraf auch antike Themen – ver-

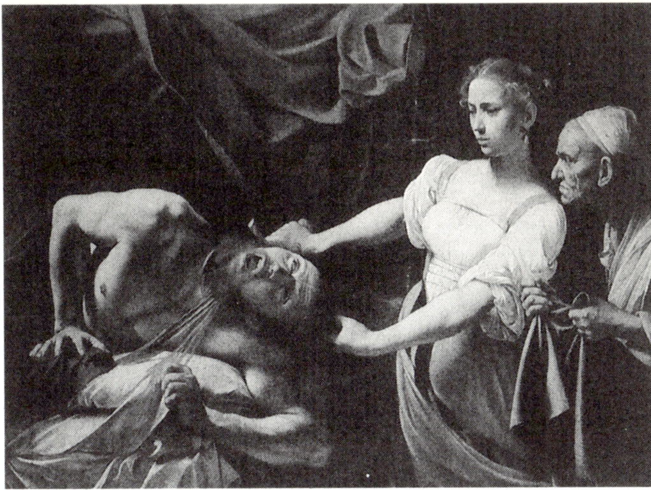

Blutige Drastik: Caravaggios „Judith und Holofernes", in den Jahren 1595/96 gemalt für den römischen Kardinal Del Monte

brannt worden. Der Carracci-Clan fand Zuflucht vor der Inquisition, überdies Arbeit in den Palästen städtischer Mäzene. Auch später nutzten die römischen Künstler mit List Rivalitäten unter den Auftraggebern und verschafften sich so Freiräume. Die Carracci gründeten als Selbsthilfeunternehmen eine private Akademie. Solche Künstlerorganisationen waren zuvor schon in Florenz und Rom initiiert worden, wo zum Beispiel die Accademia di San Luca die Zerstörung von Michelangelos häretischem „Jüngstem Gericht" verhindern konnte. Die Gründung von Akademien und Malerzünften durchzieht den ganzen Barock – bis nach Holland. Sie dienen als Selbsthilfeorganisationen auch der Emanzipation der freien Künste von den Handwerkergilden. Sie entwickelten sich aber später, im Gegenzug und zumal in Frankreich, zu Disziplinierungs- und Trainingsanstalten für die barocke Staatskunst.

Der größte Aufrührer unter den frühbarocken Akteuren, Caravaggio, war in Rom in der Zeit um 1600 ein rabiater Quereinsteiger. Skandale akzentuieren seine Karriere, zu Skandalen wurden viele seiner Bilder, die ein proletarisches Menschenbild propagieren und das reglementierte Theater der Affekte zum Drama brutaler Triebe und Leidenschaften radikalisieren. Daß Caravaggio überall bis ins protestantische Holland Furore machte und begeisterte Jünger scharenweise nach Rom zog, lag an seiner atemberaubenden neuen Bilddramatik, aber auch am gewalttätigen Auftreten, seinem unbändigen Willen.

Wann beginnt das Zeitalter der Avantgarden? Im Erscheinungsbild, in der Strategie, in der programmatischen Stilreform des Frühbarock sind unschwer Züge dieses modernen Phänomens zu erkennen. Modern sind der spontane Zugriff, der motorische Elan, die Verflüssigung der Bildtechniken, die alles erfassende und durchflutende Bewegung, die Dramatisierung der Stoffe und des malerischen Vortrags, die kein Sein zeigen, sondern permanentes Werden. Modern ist die Mobilisierung antagonistischer Kräfte und Spannungen, die auf bravouröse Weise gebändigt und versöhnt werden. Die Malerei explodiert, sie scheint keine Grenzen und Schwierigkeiten mehr zu kennen.

Die neue Allmacht kulminiert in Rubens, dem Sonnenkönig einer expandierenden Malerei, der in der Zeit des beginnenden Absolutismus auch einen Kunstabsolutismus verkörpert. Rubens bediente von Antwerpen aus, aber auch auf Reisen die europäischen Höfe, er überbrückte feindliche Parteien und Konfessionen, versöhnte den Norden mit Italien und revitalisierte in seiner Kunst alle Ressourcen der Geschichte. Rubens war mehr als ein interpretierender Illustrator seiner Zeit. Er war Akteur, ein enthusiastischer Prediger

Sublimierung der Körper und Spiel mit dem Licht: Rubens' Ölskizze einer heiligen Barbara, gemalt 1620 (15 mal 21 Zentimter; Ashmolean Museum, Oxford)

und Architekt der erneuerten Kirche. Er verkörperte und verherrlichte die Antriebe, Taten und Konflikte seiner Epoche und wußte am Ende die Rolle des Malers auf der gesellschaftlichen Ebene seiner Auftraggeber zu etablieren. Der Bürger eines politisch und konfessionell brutal zerteilten Landes war zeitlebens unterwegs, um, auch mit seiner Kunst, zu vermitteln, um Kriege beenden oder verhüten zu helfen. Mit seinem leuchtenden, dramatisch bewegten Figurenhimmel überspannt Rubens das von Glaubenskämpfen und Großmachtinteressen zerrissene Europa. Seine Malerei versöhnt Erde und Himmel, Triebleben und Metaphysik. In den Ölskizzen treibt er dic Darstellung bis an die Grenze der Auflösung der Materie in Licht: Die Körperlichkeit verdampft in einer sublimen, spirituellen, fast abstrakten Bildsprache.

Kein zweiter Künstler entfaltet solche strahlende Machtfülle. Der mobile Hofkünstler mußte nicht zum dienenden Höfling werden. Immer bestand Rubens auf seiner bürgerlichen Unabhängigkeit und etablierte in seinem Antwerpener Stadtpalais seinen privaten „Hof". Rubens' Karriere demonstriert die Freiheit und Überlegenheit, die ein Künstler durch Professionalität und Meisterschaft erringen konnte. Auch in Italien regte sich früh selbstbewußte Virtuosität, ein frühmodernes L'art pour l'art, das Entlastung gegenüber Gegenstand und Auftrag verschafft. In der Frühzeit der Bologneser Maler, etwa beim jungen Guercino, zeichnet sich malerischer Fundamentalismus ab. Die Bilder sind vollkommen offen, die Darstellung fließt aus der Pinselschrift und konstituiert sich aus dem Malduktus. Der Sensualismus prägt Komposition und Inszenierung, legt seelische Fluktuationen und Dramen frei. Claude Lorrains Pinselzeichnungen entstehen in der Landschaft. Der frühe Romantiker vollzieht eine „natura naturans" nach und läßt Gegenstand und Darstellung ineinander verfließen.

Velázquez, der vollkommenste Maler, war als Hofkünstler und Chefdekorateur restlos abhängig und wußte paradoxerweise damit den Aufstieg zum unabhängigen, souveränen, aristokratischen Maler zu verbinden. Sein gesellschaftlicher Ehrgeiz professionalisierte, intellektualisierte und vervollkommnete seine Kunst. Velázquez' bedeutendste Bilder („Las Meninas" oder „Die Spinnerinnen") dienten nicht der Feier von Hof und Kirche, sondern der tieferen Begründung und Apologie einer sich emanzipierenden Malerei. Andere Künstler wichen dagegen der Macht aus, sie kehrten wie Reni oder Guercino Roms feudalem Hofkunsttheater den Rücken und betrieben private Werkstattunternehmen in der Provinz. Auch Poussin mied die offiziellen Rollen, die Höfe und Aufträge und schuf für Liebhaber introvertierte, eigenwillige Sinnbilder. Nach kurzem Gastspiel am Pariser Hof entschloß er sich zur endgültigen Rückkehr nach Italien. Das protestantische England war auf den Malerimport angewiesen. Der Hof umwirbt und verwöhnt Rubens und lockt auch die katholischen Italiener. Orazio Gentileschi folgt dem Ruf, Guercino lehnt ab, ausdrücklich aus religiösen Skrupeln. Reni und Guercino schlagen auch die Einladung an den reglementierenden französischen Hof ab. Nicht einmal Velázquez kann Pietro da Cortona für Madrid gewinnen.

Die anfangs rigide römische Kirche wird nach der Selbstbefestigung durch die Gegenreformation toleranter. Nach Rom strömten massenhaft holländische Künstler, katholische wie protestantische. Roms Mäzene, voran der Papst, erkannten und förderten ihre Talente. Nur von kirchlicher Auftragskunst blieben Protestanten, darunter der Caravaggist Terbruggen, ausgeschlossen. Ein besonders fesselndes, geradezu zeitgenössisch anmutendes Feld sind die politisch und ideologisch zerrissenen nördlichen und südlichen Niederlande. Sie entwickeln kontroverse Schulen und Bildsprachen. Auf den fanatischen Bildersturm folgten die Bilderexplosion und der ästhetische Überfluß. Heftig waren die Wechselbäder in Antwerpen. In kürzester Zeit wurde aus dem Bollwerk des Calvinismus eine Kapitale der Gegenreformation. Ein exzessiver Bau- und Bilderboom brach aus. Der überschwänglich irdische Antwerpener Maler Jordaens war ein teils geheimer, teils offener und bekennender Protestant. Nach Maßregelungen toleriert die katholische Kirche seine private Überzeugung, bestellt bei ihm weiterhin die unentbehrlichen Propagandabilder, akzeptiert sogar eine versteckte protestantische Ikonografie und nimmt keinen Anstoß an Auftragsbildern für die nördlichen Niederlande, darunter für das Rathaus in Amsterdam. In einer gemischt konfessionellen Stadt wie Utrecht koexistierten auch die Künstler, wobei Protestanten auch für Katholiken malten und umgekehrt. Hier setzt sich zum ersten Mal ein moderner Pluralismus als Grundlage für das bürgerliche Zusammenleben durch.

Das holländische Modell zeigt auch zum ersten Mal die Selbstkonstituierung der Kunst in einer Bürger- und Marktgesellschaft. Die calvinistische Kirche entfiel als Auftraggeber, an ihre Stelle traten die Provinzialregierungen und die Bürger. Die Entfaltung eines universalen Künstlertyps war unter diesen Bedingungen unmöglich. Freiheit wurde mit Enge erkauft. Malen war ein ziviler Beruf, ausgeübt von Fachleuten – Spezialisten für Genre, Stilleben, Porträt oder Landschaft. Die Konkurrenz förderte das virtuose Können und die Meisterschaft. Doch die wenigsten Maler konnten von ihrer Kunst leben; sie waren Händler, Architekten oder Ärzte. Die Umstände zwangen die Holländer, um sich nicht in einer kommunen Alltäglichkeit zu erschöpfen, zu artistischen Doppelstrategien. Sie boten eine zweifache Lesbarkeit ihrer Bilder an – vordergründig populären Realismus und grelle Drastik, auf einer zweiten Ebene anspruchsvolle Gedanklichkeit durch die allegorische Verschlüsselung moralischer und mythologischer Botschaften. Rembrandts Beispiel zeigt, welcher Universalismus, welche Menschenforschung und seelische Phantastik diesem Milieu abgerungen werden konnte.

Den holländischen Malern blieb der Bruch erspart, der das Werk fast aller Hof- und Kirchenkünstler zwischen Reni, Vouet und Jordaens stigmatisiert, die Zäsur zwischen einem impulsiven, leidenschaftlichen Frühwerk und einem gefaßten, nobel-kühlen, vielfach klassizistischen späteren Stil. Der Klimasturz ist am Werk der Bolognesen exemplarisch faßbar. Die emotionale Erregung und malerische Vitalität verebben.

Die Körper verfestigen sich, die Theatralik klärt und ordnet sich zu einfachen, plastisch ausgeleuchteten Szenerien. Aus tief empfundenen, aufwühlenden Glaubensdramen werden fromme Tugendlehren, eine elegische historische und religiöse Poesie. Bewirkten die aufkommende klassizistische Lehre, die gegenreformatorischen Gebote der Kirche oder die wachsende Feudalisierung der Kunst den Kurswechsel? Waren Vitalitätskrisen im Spiel, Enttäuschungen und Ernüchterungen nach stürmischen Aufbrüchen – ein Schicksal, dem kaum eine der modernen Avantgarden entgehen sollte? Gegen Mitte des siebzehnten Jahrhunderts beherrschen die großen Dekorateure, Hofkünstler, Geschmacksartisten und Akademiker die gesellschaftliche Bühne. Das barocke Rom ist sich des Konsenses seiner Künstler so gewiß, daß es ihnen nun großzügige Freiheiten einräumte und bei Aufträgen weitgehend Fasson und Inhalt überließ. Man war sich der Kunst so sicher, daß sogar extreme Sonderlinge toleriert und umworben wurden. Ein drastisches Beispiel ist Salvator Rosa, der Aufträge eigensinnig ablehnte und nur aus eigener Lust malen wollte. Man gestand Rosa sogar privaten „Wahnsinn" zu, weil er die Originalität seiner Kunst steigere. Damit betritt der moderne Außenseiter die Kunstbühne.

Die Autoren

Eduard Beaucamp, Dr. phil., geb. 1937, ist Kunstkritiker und Feuilletonredakteur der Frankfurter Allgemeinen Zeitung

Wolfgang Behringer, geb. 1956, ist Professor für Geschichte an der Universitat York

Johannes Burkhardt, geb. 1943, ist Professor für Geschichte der Frühen Neuzeit an der Universität Augsburg

Michael Jeismann, Dr. phil., geb. 1958, ist Feuilletonredakteur der Frankfurter Allgemeinen Zeitung

Bernhardt R. Kroener, geb. 1948, ist Professor für Militärgeschichte an der Universität Potsdam

Albrecht Kunkel, geb. 1938, war Wissenschaftsredakteur u. a. des „Spiegels" und lebt als freier Journalist in Heidelberg

Silke Leopold, ist Professorin für Musikgeschichte an der Universität Paderborn

Hans Medick, geb. 1939, ist Professor für Mittlere und Neuere Geschichte an der Universität Erfurt

Christian Pfister, geb. 1944, ist Professor für Wirtschafts-, Sozial- und Umweltgeschichte an der Universität Bern

Wulf Segebrecht, geb. 1935, ist Professor für Neuere deutsche Literaturwissenschaft an der Universität Bamberg

Gerhard Stadelmaier, Dr. phil., geb. 1950, ist Feuilletonredakteur der Frankfurter Allgemeinen Zeitung

Gerrit Walther, Dr. phil., geb.1959, ist Privatdozent für Neuere Geschichte an der Universität Frankfurt am Main

Thomas Wirtz, Dr. phil., geb. 1964, ist Feuilletonredakteur der Frankfurter Allgemeinen Zeitung

Bildquellennachweis

Dresden, Sächsische Landesbibliothek, Deutsche Fotothek *S. 14*
Düsseldorf, Kunstmuseum *S. 38*
Frankfurt am Main, Cinetext Bild + Text-Archiv *S. 71*
Frankfurt am Main, FAZ-Archiv *S. 79, 85, 87*
Göttingen, Universitätsbibliothek *S. 27*
München, Deutsches Theatermuseum *S. 20*
Paris, Bibliotèque nationale *S. 59*

Die Frühe Neuzeit – Eine Auswahl

Hermann Bausinger/Klaus Beyrer/Gottfried Korff (Hrsg.)
Reisekultur
Von der Pilgerfahrt zum modernen Tourismus
2., Auflage. 1999. 413 Seiten mit 103 Abbildungen. Broschiert

Klaus Bergdolt
Leib und Seele
Eine Kulturgeschichte des gesunden Lebens
1999. 389 Seiten. Leinen

Francis Haskell
Die Geschichte und ihre Bilder
Die Kunst und die Deutung der Vergangenheit
1998. 588 Seiten mit 262 Abbildungen,
davon 19 in Farbe. broschiert

Volker Reinhardt
Rom
Ein illustrierter Führer durch die Geschichte
1999. 288 Seiten mit 111 Abbildungen, davon 73 in Farbe
und 1 Stadtplan. Gebunden

Reinhold Reith (Hrsg.)
Lexikon des alten Handwerks
Vom späten Mittelalter bis ins 20. Jahrhundert
2. durchgesehene Auflage. 1991.
325 Seiten mit 36 Abbildungen. Gebunden

Herrad Schenk (Hrsg.)
Vom einfachen Leben
Glückssuche zwischen Überfluß und Askese
Nachdruck der 1. Auflage1997.
296 Seiten mit 8 Abbildungen. Gebunden

Verlag C. H. Beck München